BLÜTENSTAUDEN

blv garten
plus

Ulrike Leyhe

BLÜTENSTAUDEN

Die schönsten Arten und Sorten
Auswählen · Kombinieren · Pflegen

blv

Inhalt

Die Vielfalt der Stauden

Die unglaublich vielfältige Palette der Stauden bietet entsprechende Arten für jede Gartensituation. Mit ihren Farben und Formen lassen sich Stauden äußerst vielseitig kombinieren und dadurch attraktive Pflanzungen gestalten.

Kaum eine andere Pflanzengruppe kann mit einer solchen Vielfalt an Formen und Gestalten, an Blüten und Blättern sowie Farben und Düften aufwarten wie die Stauden. Da es kaum einen Ort im Garten gibt, an dem Stauden nicht dauerhaft angesiedelt werden können, sind Stauden für die Gartengestaltung unentbehrlich. Geeignete Stauden gibt es für jede Gartensituation, jede Gartengröße und auch jeden Gartenstil.

Was sind Stauden?

Stauden sind mehrjährige, ausdauernde Pflanzen, die nicht verholzen und krautig bleiben. Im Winter stirbt der oberirdische krautige (also unverholzte) Teil ab, während sich die Pflanze unter die Erdoberfläche zurückzieht. Stauden überdauern den Winter mit Hilfe von unterirdischen Speicherorganen wie

Wurzelstöcken oder Rhizomen. Diese Speicherorgane tragen die Knospenanlagen für den Austrieb im Frühjahr.
Eine Ausnahme bilden **winter-** und **immergrüne Stauden**. Wintergrüne wie Nieswurz *(Helleborus*-Hybriden) ziehen ihr Laub am Ende der Vegetationsperiode nicht ein, sondern bleiben den Winter über grün. Das Laub stirbt erst zum Frühjahrsbeginn ab, wenig später treiben sie erneut aus. Immergrüne Stauden wie die Kriechende Golderdbeere *(Waldsteinia ternata)* sind das ganze Jahr über belaubt. Sie erneuern immer nur einen Teil ihrer Blätter, sodass sie immergrün erscheinen.

Auch dies sind Stauden

Zwiebel- und **Knollenpflanzen** wie Krokusse oder Tulpen zählen botanisch ebenfalls zu den Stauden, auch wenn sie in der gärtnerischen Praxis oft als eigene Gruppe behandelt werden. Ähnliches gilt für **Gräser** und **Farne**, obwohl auch sie zu den Stauden gehören.

◀ Kontrastvoll in Form und Farbe: Taglilien *(Hemerocallis-*Hybriden) zusammen mit Kerzen-Ehrenpreis *(Veronica longifolia)*.

Wintergrüne wie die Christrose *(Helleborus niger)* behalten das Laub über den Winter.

Zwiebelpflanzen wie Narzissen bringen früh im Jahr Farbe ins Staudenbeet.

Lavendel (*Lavandula*) ist ein Halbstrauch, auch wenn er ein staudenähn-
liches Aussehen zeigt.

Andere Pflanzen wie Lavendel
(*Lavandula angustifolia*) oder
Garten-Salbei (*Salvia officinalis*)
haben zwar ein staudenähnli-
ches Aussehen, sind aber botanisch korrekt **Halbsträucher**, da
ihre Triebe verholzen. Sie nehmen eine Stellung zwischen
Gehölzen und Stauden ein. Da
sie jedoch ähnlich kultiviert
werden wie Stauden, finden wir
sie im Sortiment der Staudengärtnereien.
Sommerblumen, auch als Ein-
jährige bezeichnet, sind keine
Stauden, da sie nach einer Vegetationsperiode absterben und
somit nicht dauerhaft sind. Dennoch können sie natürlich zusammen mit Stauden verwendet
werden.

Auswahl der Stauden

Die im nächsten Kapitel folgenden Staudenporträts können
nur eine kleine Auswahl aus der
unglaublichen Vielfalt dieser
Pflanzengruppe bieten. Ausgewählt wurden Stauden, die sowohl attraktiv und vielseitig ver-
wendbar als auch ausreichend
robust sind. Da im Hausgarten
Rabatten in der Sonne sowie
Gehölzrand- und Schattenpflanzungen die wichtigsten Garten-
situationen darstellen, be-
schränkt sich die Auswahl auf
Stauden, die für solche Flächen
geeignet sind.

Stauden für sonnige Beete und Rabatten

Als **sonnig** bezeichnet man
Standorte, die fast den ganzen
Tag besonnt sind. Sonnige
Beete können Rabatten an der
Hauswand, an der Terrasse, am
Rasenrand oder im Vorgarten
sein. Beete in sonniger Lage
werden bevorzugt mit Beetstauden bepflanzt.
Beetstauden sind züchterisch
bearbeitete, reichblütige und
farbkräftige Stauden, die wegen
ihrer Blütenpracht auch Prachtstauden genannt werden. Eine
weitere Bezeichnung ist **Rabat-**

Eine traumhafte Kombination für das sonnige Beet: Edel-Pfingstrosen zusammen mit
Schleier-Frauenmantel und Pracht-Storchschnabel.

Auch wenn im Halbschatten leuchtende Blütenfarben fehlen, müssen Gehölzrandpflanzungen nicht langweilig wirken.

Schattenstauden

Schattige Gartenecken finden sich fast in jedem Garten. Oft ist es ein alter Baum oder eine Gehölzgruppe, die für Schatten sorgt. Auch die Schattenlage eines Hauses kann Platz für schattenliebende Pflanzen bieten. Schattenstauden werden auch als **Gehölz-** oder **Wald-stauden** bezeichnet, da sie die Anbindung an das Gehölz brauchen. Schattengärten können zwar nicht mit der Blütenfülle und Farbigkeit von Prachtstauden konkurrieren, dafür bezaubern sie mit einem ganz eigenen Charme. Anstelle der Blütenfarben rücken bei ihnen die Blattformen und -größen ebenso in den Vordergrund wie die unterschiedlichen Grünschattierungen.

tenstaude, da sie vornehmlich in Rabatten verwendet werden. Gemeinsam ist den Beetstauden, dass sie auch nach dem Einwachsen einen offenen Boden um sich brauchen. Beetstaudenrabatten begeistern mit ihren leuchtenden Blütenfarben und einer unglaublichen Blütenfülle. Die Farben- und Formenvielfalt ist gerade bei Beetstauden derartig groß, dass Ihnen die Auswahl schwer fallen wird. Egal, ob Sie bunte oder einfarbige Pflanzungen bevorzugen, Beetstauden finden sich für jeden Geschmack.

Stauden für Halbschatten

Halbschatten bedeutet, dass der Standort mehr als die Hälfte des Tages beschattet wird. Dabei kann es sich um Morgen- oder Nachmittagssonne oder um ein Wechselspiel von Sonne und Schatten über den ganzen Tag handeln.

Halbschatten kann durch eine Mauer, einen Zaun, eine Hecke, ein Gebäude oder Gehölze entstehen. Halbschattige Standorte finden sich auch an Gehölzrändern. Deshalb werden die Halbschattenstauden auch **Gehölzrand-** oder **Waldrandstauden** genannt.

Zum Reiz einer solchen Pflanzung gehört das Wechselspiel von Licht und Schatten auf den Pflanzen, das durch den Wind und den Wechsel der Jahreszeiten einer ständigen Veränderung unterliegt.

auf einen blick

- Grundsätzlich können Stauden an allen Gartenplätzen gepflanzt werden, man muss nur die richtigen Arten auswählen.
- Licht, Boden und Feuchtigkeit sind besonders entscheidend für das Wachstum der Pflanzen.
- Nach den Lichtansprüchen unterscheidet man: Beetstauden für sonnige Standorte, Halbschattenstauden und Schattenstauden.

Die schönsten Stauden

Die Vielfalt der Stauden bietet unendlich viele Möglichkeiten, um schöne Staudenpflanzungen zu gestalten. Aufgrund der Fülle von Stauden kann hier nur eine kleine Auswahl vorgestellt werden.

Im Porträtteil werden die Stauden kurz beschrieben, außerdem werden die Ansprüche, die Pflegemaßnahmen und Verwendungstipps aufgeführt. Die Stauden sind in alphabetischer Reihenfolge nach ihren botanischen Namen geordnet, unterteilt nach ihren Lichtansprüchen.

Stauden und ihre Namen

Auch wenn Ihnen die botanischen Namen vielleicht nicht geläufig sind, bleiben sie doch unentbehrlich. Im Volksmund gibt es häufig unterschiedliche Bezeichnungen für eine Staude, sodass Verwechslungen möglich sind. Auch beim Staudenkauf werden Missverständnisse vermieden, wenn man die **botanischen Namen** kennt. An die botanische Bezeichnung schließt sich die **Sorte** an, die in Anführungszeichen gesetzt wird. **Kreuzungen** zwischen Arten werden durch ein × vor dem Art-

◄ Türkischer Mohn *(Papaver orientale)* zählt zu den prachtvollsten Stauden für sonnige Beete.

namen gekennzeichnet oder als **Hybriden** bezeichnet.
Da die Blütezeit und die Wuchshöhe je nach Standort und Klima variieren, dürfen diese nur als Durchschnittswerte angesehen werden.

Stauden für sonnige Beete

Gold-Garbe
Achillea filipendulina

EIN UNÜBERTROFFENER DAUERBLÜHER

✿ 6 –9   ⬆ 70–100 cm   ○

Wuchs: Aufrecht und horstig wachsend.
Blatt: Grausilbrig, gefiedert, aromatisch duftend.
Blüte: Goldgelbe Blütendolden.
Standort: Nährstoffreiche und durchlässige Böden in sonniger, warmer Lage, besser trocken als zu feucht.
Pflege: Verlängerung der Blütezeit durch Ausschneiden der verwelkten Blüten.
Verwendung: Ausgezeichnete Staude für sonnige Rabatten,

sehr wirkungsvoll im Kontrast zum Blau von Garten-Rittersporn *(Delphinium*-Hybriden), Feinstrahlaster *(Erigeron*-Hybriden), Kugeldistel *(Echinops ritro)* oder Sommer-Salbei *(Salvia nemorosa)*. Auch als Schnitt- und Trockenblume geschätzt.

Achillea filipendulina 'Parker'

Bewährte Sorten:
- 'Coronation Gold', goldgelb, 80 cm.
- 'Parker', goldgelb, 120 cm.

Neu im *Achillea*-Sortiment sind Kreuzungen aus *Achillea filipendulina* und *Achillea millefolium*. Das Ergebnis sind *Achillea*-Hybriden mit viel versprechenden neuen Blütenfarben. Die Ansprüche entsprechen den Elternarten. Zu den Neuheiten, die sich bereits bewährt haben, zählen die Sorten 'Credo', zartgelb, 120 cm; 'Feuerland', leuchtend rot, 90 cm und 'Terracotta', orange, 100 cm.

Tausendblättrige Schaf-Garbe
Achillea-**Millefolium-Hybriden**

REICHBLÜTIGER SOMMERBLÜHER MIT HÜBSCHEM FARBSPIEL

✿ 6–8 ↕ 50–80 cm ○

Wuchs: Horstartig, oberflächlich etwas wuchernd, doch leicht in Zaum zu halten.
Blatt: Graugrün, fein gefiedert, farnartig.
Blüte: Farbkräftige Blütendolden in vielen Farben wie Weiß, Lachsrosa, Lila bis hin zu kräftigem Karminrot.
Standort: Nährstoffreiche, gut durchlässige Böden in vollsonnigen Lagen.
Pflege: Regelmäßig düngen. Blüten ausschneiden, um Versamung zu vermeiden, denn die Sämlinge blühen oft in abweichenden und unschönen Farben.
Verwendung: Gute Rabatten- und Schnittstaude. Viele der Sorten zeigen ausgefallene und schwierig zu kombinierende Blütenfarben wie Lachsrosa oder Kirschrot. Außerdem verändert sich die Blütenfarbe beim Verblühen, sodass interessante Farbspiele entstehen. Die farbkräftigen Sorten wirken besonders schön in Verbindung mit blauen und silbernen Farbtönen. Gute Partner sind Kugeldistel *(Echinops ritro)*, Sommer-Salbei *(Salvia nemorosa)* und Graulaubige wie Eberraute *(Artemisia)* oder Eselsohr *(Stachys byzantina)*.

Bewährte Sorten:
- 'Fanal', rot, 60 cm.
- 'Lachsschönheit', lachsrosa, 60 cm.
- 'Lilac Beauty', zartlila, 60 cm.
- 'Sammetriese', samtrot, 80 cm.

Achillea-Millefolium-Hybride 'Lilac Beauty'

Alchemilla mollis

Schleier-Frauenmantel
Alchemilla mollis

SEHR VIELSEITIG ZU VER-
WENDENDE STAUDE MIT
GANZJÄHRIGEM ZIERWERT

 6–7 40 cm   ◯–◑

Wuchs: Horstig, halbkugelförmig, sehr wüchsig.
Blatt: Frischgrün, dekorative
runde Blätter, auf denen sich
Tau- und Wassertropfen effektvoll sammeln.
Blüte: Kleine, grünlich-gelbe
Einzelblüten in lockeren Rispen,
welche die Blatthorste zart verschleiern.
Standort: Jeder frische bis
feuchte, lehmig humose Boden;
sonnig oder halbschattig.

Pflege: Ein vollständiger Rückschnitt nach der Blütezeit verhindert die Selbstaussaat und
fördert den erneuten Blattaus-
trieb. Die Horste bleiben kompakt und ansehnlich.
Verwendung: Eine gleichermaßen anspruchslose wie wirkungsvolle Staude, die an vielen
Plätzen im Garten unentbehrlich
ist. Reizvoll ist die grüngelbe
Blütenfarbe, die mit fast allen
Farbtönen kombinierbar ist.
Hinzu kommt die fast ganzjähri-
ge Blattschmuckwirkung. Auf
Beeten, in wiesenartigen Pflanzungen mit Storchschnabel
(*Geranium*), vor und zwischen
Gehölzen, am Teichrand. Blätter
und Blütenstände eignen sich
hervorragend für den Schnitt.

Färberkamille
Anthemis tinctoria

EIN UNERMÜDLICHER
SOMMERBLÜHER

❀ 6–9   ↕ 40–80 cm   ◯

Wuchs: Horstig, mitunter etwas
standschwach.
Blatt: Gefiedertes Laub, oberseits grün, unterseits graugrün.
Blüte: Blüht überreich mit gelben Margeritenblüten.
Standort: Durchlässige, trockene Böden in voller Sonne.

Pflege: Nach der Blüte kräftig
zurückschneiden, um die Be-
stockung (Knospenbildung) und
damit die Lebensdauer zu er-
höhen. *Anthemis* ist kurzlebig
und muss alle 3–4 Jahre nachgepflanzt werden.
Verwendung: Wildstaude für
naturnahe Gärten, als Füllstau-
de und Farbtupfer auf trockenen
Beeten. Zusammen mit Kugeldisteln (*Echinops ritro*), Sommer-
Salbei (*Salvia nemorosa*),
Katzenminze (*Nepeta mussinii*),
Brandkraut (*Phlomis russeliana*).
Bewährte Sorten:
• 'E. C. Buxton', zitronengelb,
  50 cm.
• 'Wargrave', hellgelb, 80 cm.

Anthemis tinctoria

Kissen-Aster
Aster-Dumosus-Hybriden

ÜBERREICH BLÜHENDE
HERBST-ASTER, DIE KISSEN-
FÖRMIG WÄCHST

✿ 9–10   ↕ 20–50 cm   ○

Wuchs: Dichte Teppiche bildend, schnellwüchsig.
Blatt: Dunkelgrün, länglich-lanzettlich.
Blüte: Sternförmige Körbchenblüten mit meist gelber Mitte, zahlreiche Sorten mit reicher Farbpalette von Weiß, Rosa, Lila, Blau, Violett bis Rubinrot.
Standort: Nährstoffreiche, lehmig-humose Böden in voller Sonne.
Pflege: Gute Nährstoffversorgung, gelegentlich humusieren.

Aster-Dumosus-Hybriden

In Trockenzeiten reichlich wässern, auch als vorbeugende Maßnahme gegen Echten Mehltau.
Verwendung: Im Vordergrund von Staudenbeeten, farblich gut kombinierbar mit hohen Herbst-Astern. Stimmungsvoll ist die Kombination von verschiedenen *Aster dumosus*-Sorten mit herbstfärbenden Sorten der Ruten-Hirse *(Panicum virgatum)* wie 'Hänse Herms' oder 'Rotbraun'.
Bewährte Sorten:
• 'Blaue Lagune', blau, 30 cm.
• 'Kristina', weiß, 30 cm.
• 'Jenny', purpurrot, 30 cm.
• 'Prof. Dr. A. Kippenberg', lavendelblau, 40 cm.

Myrten-Aster, Erika-Aster
Aster ericoides

ZIERLICHE, KLEINBLUMIGE
HERBST-ASTER

✿ 9–10   ↕ 70–120 cm   ○

Wuchs: Reichverzweigte Triebe, die dichte Horste bilden.
Blatt: Schmalblättrig, fast nadelartig.
Blüte: Überreich blühend, die Triebe sind übersät mit kleinen, sternförmigen Blüten in zarten Pastelltönen wie Weiß, Zartlila oder Rosa.

Aster ericoides 'Golden Spray'

Standort: Nährstoff- und humusreiche, gut durchlässige Böden.
Pflege: Höher werdende Sorten müssen gestäbt werden. Regelmäßig düngen und bei Trockenheit gut wässern.
Verwendung: Für herbstliche Rabatten, gut kombinierbar mit Kissen-Astern (*Aster*-Dumosus-Hybriden), Raublatt- (*Aster novae-angliae*) sowie Glattblatt-Astern (*Aster novi-belgii*) und Gräsern wie Riesen-Pfeifengras *(Molinia arundinacea)*, Ruten-Hirse *(Panicum virgatum)* oder Chinaschilf *(Miscanthus sinensis)*. Haltbare Schnittblume.
Bewährte Sorten:
• 'Erlkönig', lila, 120 cm.
• 'Schneetanne', weiß, 120 cm.

Weitere Form:
• *Aster*-Hybride 'Pink Star', intensiv rosa, IX–X, 120 cm.

Himmels-Aster
Aster laevis

EINE WIRKUNGSVOLLE WILDART, DIE VIEL ZU SELTEN VERWENDET WIRD

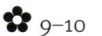 9–10   140 cm   ○

Wuchs: Locker horstartig, elegant überhängende Triebe.

Aster laevis

Blatt: Blaugrün, breit lanzettlich.
Blüte: Lavendelblaue sternförmige Blüten in lockeren und leicht übergeneigten Blütenrispen, reich und lange blühend.
Standort: Frische, nährstoffreiche Böden in sonniger Lage.
Pflege: In Trockenperioden gründlich gießen, um Befall mit Echtem Mehltau vorzubeugen.
Verwendung: Himmels-Astern bilden wirkungsvolle Horste, deren schöne Wuchsform in Pflanzungen voll zur Geltung kommen sollte. Auf Rabatten mit anderen Herbst-Astern, Gräsern, gelbblühenden Stauden wie Goldrute (*Solidago*-Hybriden), Stauden-Sonnenblume (*Helianthus decapetalus*), Goldsturm-Sonnenhut (*Rudbeckia fulgida* var. *sullivantii* 'Goldsturm') oder graulaubigen Stauden.

Raublatt-Aster
Aster novae-angliae

UNENTBEHRLICH FÜR SPÄT BLÜHENDE STAUDENRABATTEN

✿ 9–10   ⬆ 160–180 cm   ○

Wuchs: Große Horste bildend, aufrecht, starkwüchsig.
Blatt: Stumpfgrün, breit lanzettlich, raublättrig.

Blüte: Dichte Büschel aus Strahlenblüten in Weiß, Rosa, Rubinrot, Violett und Lila.
Standort: Nahrhafte, frische Böden, lehmig-humos, für sonnige Plätze.
Pflege: Sehr robust und krankheitsresistent. Wichtig ist eine gute Nährstoffversorgung. In Trockenperioden gießen, da Trockenheit die Verkahlung der holzigen Stängel verstärkt. Nicht ausreichend standfeste Sorten stäben oder vorbeugend Anfang Juli bis zur Hälfte zurückschneiden, um die Verzweigung und somit die Standfestigkeit zu fördern.
Verwendung: Im Hintergrund von Rabatten, in attraktiver Gesellschaft von Gräsern und niedrig bleibenden Stauden, welche die etwas unschönen Stängel kaschieren. Geeignet sind Myrten-Aster (*Aster ericoides*), Hohe Flammenblume (*Phlox paniculata*) oder Glattblatt-Aster (*Aster novi-belgii*).
Bewährte Sorten:
• 'Alma Pötschke', lachsrosa, 120 cm.
• 'Barr's Blue', blauviolett, 140 cm.
• 'Herbstschnee', weiß, 140 cm.
• 'Treasure', dunkelviolett, 150 cm.
• 'Rubinschatz', rubinrot, 150 cm.

Aster novi-belgii 'Schöne von Dietlikon'

Glattblatt-Aster
Aster novi-belgii

PRACHTVOLLER HERBSTBLÜHER

 9–11   ▲ 80–140 cm   ○

Wuchs: Buschige Horste, ausläuferbildend, aufrecht.
Blatt: Länglich-lanzettlich, glatt, unbehaart.
Blüte: Sternförmige Blüten, die große kuppelförmige Blütenrispen bilden, farbprächtige Sorten in Weiß, Rosa, Karminrot, Blau, Lila und Violett.
Standort: Frische bis feuchte, nährstoffreiche Böden, lehmighumos, in voller Sonne.

Pflege: Regelmäßig düngen. Glattblatt-Astern leiden bei Sommertrockenheit häufig unter Echtem Mehltau, daher vorbeugend gründlich wässern. Bei Bedarf stäben. Nach der Blütezeit zurückschneiden, um Selbstaussaat zu verhindern.
Verwendung: Blau und violett blühende Sorten bilden schöne Farbkontraste mit den Gelbtönen der Stauden-Sonnenblume (*Helianthus decapetalus*), Sonnenbraut (*Helenium*-Hybriden), Goldsturm-Rudbeckie (*Rudbeckia fulgida* var. *sullivantii* 'Goldsturm'), Goldrute (*Solidago*-Hybriden), Sonnenauge (*Heliopsis helianthoides* var. *scabra*). Effektvoll auch zusammen mit Gräsern wie Chinaschilf (*Miscanthus sinensis*), Ruten-Hirse (*Panicum virgatum*), Riesen-Pfeifengras (*Molinia arundinacea*) und Hoher Flammenblume (*Phlox paniculata*) oder Uferaster (*Vernonia crinita*). Üppige Schnittblume.
Bewährte Sorten:
• 'Blaue Nachhut', hellblau, 120 cm.
• 'Dauerblau', dunkelblau, 120 cm.
• 'Fellowship', rosa, 80 cm.
• 'Karminkuppel', karminrot, 80 cm.
• 'Schöne von Dietlikon', violett, 120 cm.

Spornblume
Centranthus ruber

EINE ANSPRUCHSLOSE STAUDE MIT LANGER BLÜTEZEIT

❀ 6–8   ▲ 60–70 cm   ○

Wuchs: Locker horstig wachsend, reichliche Versamung an zusagenden Standorten.
Blatt: Blaugrün, lanzettlich.
Blüte: Kleine, rosarote Einzelblüten in vielblütigen Blütenständen.
Standort: Sonnig warme, trockene und kalkhaltige Plätze.
Pflege: Anspruchslos. Ausschneiden der Blüten verlängert den Blütenflor. Bei zu starker Versamung lassen sich die Sämlinge problemlos entfernen.

Centranthus ruber 'Coccineus'

Verwendung: Vielseitig zu verwenden; ideal zum Verwildern in Trockenmauern oder Steinfugen, auf Schotter- und Kiesbeeten oder Rabatten. Gute Schnittblume.
Bewährte Sorten:
• 'Albus', weiß, 60 cm.
• 'Coccineus', karminrot, 70 cm.

Nadelblättriges Mädchenauge
Coreopsis verticillata

EIN LEUCHTEND GELBER
DAUERBLÜHER

 6–9   30–70 cm

Wuchs: Buschige Horste bildend, die auch nach der Blüte noch attraktiv sind.
Blatt: Frischgrün, feinlaubig, fast nadelartig.
Blüte: Sternförmig, leuchtend gelb.
Standort: Alle frischen Gartenböden in voller Sonne.
Pflege: Sehr pflegeleicht und ausdauernd. Nach der Blüte können die Horste mit der Heckenschere formiert werden. In Trockenzeiten wässern.
Verwendung: Für leuchtkräftige Sommerrabatten, zusammen mit Sonnenauge (*Heliopsis helianthoides* var. *scabra*), Goldsturm-Sonnenhut (*Rudbeckia fulgida* var. *sullivantii* 'Gold-

sturm'), Sonnenbraut (*Helenium*-Hybriden), Feinstrahlaster (*Erigeron*-Hybriden), Goldrute (*Solidago*-Hybriden) und Rittersporn (*Delphinium*-Hybriden). Sehr haltbare Schnittblume.
Bewährte Sorten:
• 'Grandiflora', leuchtend gelb, 70 cm.
• 'Moonbeam', zartgelb, 40 cm.
• 'Zagreb', goldgelb, 30 cm.

Garten-Rittersporn
Delphinium-Hybriden

PRACHTVOLLE BLÜTENRISPEN
IN AUSSERGEWÖHNLICHEN
BLAUTÖNEN

 6–8/9–10  70–200 cm

Wuchs: Aufrechte Horste.
Blatt: Frischgrün, handförmig geteilt.
Blüte: Hohe, kerzenartige Blütenstände in wunderschönen Blau- und Violetttönen, auch rosa und weiß blühende Sorten.
Standort: Nährstoffreiche, frische Standorte in voller Sonne.
Pflege: Zum Austrieb düngen und auf Schneckenfraß achten. Nach der Blüte kurz über dem Boden zurückschneiden, um einen zweiten Blütenansatz im September-Oktober zu erzielen. Gute Nährstoff- und Wasserversorgung nach dem Schnitt för-

Coreopsis verticillata 'Grandiflora'

dern die Blütenbildung. Hohe und standschwache Sorten stäben.
Verwendung: Garten-Rittersporne brauchen ausreichend Platz und offenen Boden, um ihre volle Schönheit zu entfalten; daher nicht neben bedrängende Nachbarn pflanzen. Die schönen Blautöne harmonieren gut mit den gelben Blüten von Sonnenbraut (*Helenium*-Hybriden), Sonnenauge (*Heliopsis helianthoides* var. *scabra*), Mädchenauge (*Coreopsis verticillata*) und Goldrute (*Solidago*-Hybriden) sowie mit dem Weiß von

Delphinium-Hybride 'Ouvertüre'

Standort: Durchlässige, nährstoffreiche Böden in warmen, sonnigen Lagen.
Pflege: Kurzlebige Staude, die alle 3–4 Jahre nachgepflanzt werden muss.
Verwendung: Hübsch in Begleitung von Indianernessel (*Monarda*-Hybriden), Gelenkblume (*Physostegia virginiana*), Steinquendel (*Calamintha nepeta*), Blutweiderich (*Lythrum salicaria*) und Feinstrahlaster (*Erigeron*-Hybriden). Reizvolle Schnittblume.
Bewährte Sorten:
- 'Alba', weiß, 60 cm.
- 'Magnus', karminrosa, 80 cm.
- 'Rubinstern', intensiv karminrot, 100 cm.

Sommer-Margeriten (*Leucanthemum maximum*). Wirkungsvoll auch in Kombination zu Rosen. Beliebte Schnittstaude.
Bewährte Sorten:
- 'Augenweide', hellblau mit rosa Tönung, 150 cm.
- 'Lanzenträger', enzianblau mit weißem Auge, 200 cm.
- 'Ouvertüre', mittelblau mit rosa Tönung, 180 cm.
- 'Piccolo', enzianblau, 70 cm.
Hinweis: Die ganze Pflanze ist giftig!

Purpursonnenhut
Echinacea purpurea

SOMMERBLÜHER MIT AUFFÄLLIGEN GROSSEN STRAHLENBLÜTEN

❀ 7–9   ↟ 60–80 cm   ○

Wuchs: Horstig, aufrecht.
Blatt: Zugespitzt eiförmig, raublättrig.
Blüte: Große Blütenköpfe mit orangebrauner Mitte und karminrosa Strahlenblüten.

Echinacea purpurea 'Magnus'

Echinops ritro 'Veitch's Blue'

Kugeldistel
Echinops ritro

GESCHÄTZT WEGEN DER KUGELARTIGEN BLÜTENSTÄNDE

✿ 7–9   ↥ 80–120 cm   ◯

Wuchs: Dichtbuschige Horste.
Blatt: Oberseits dunkelgrün, unterseits weißfilzig, tief eingeschnittene Blätter.
Blüte: Kugelrunde, stachelig wirkende Blütenköpfe, Knospen stahlblau, die geöffneten Blüten sind intensiv blau gefärbt, zieht Bienen und Schmetterlinge an.
Standort: Durchlässige, trockene Böden in voller Sonne. Nicht zu nährstoffreiche und frische Böden wählen, da dort standschwach.
Pflege: Pflegeleicht, bei Bedarf stäben. Die Blüten sind auch im verblühten Zustand noch attraktiv, daher stehen lassen.

Verwendung: Sehr dekorative Staude für das sonnige Beet. Effektvoll zu kombinieren mit Gold-Garbe *(Achillea filipendulina)*, Alant *(Inula)*, Königskerzen *(Verbascum)* und Sommer-Salbei *(Salvia nemorosa)*. Für Wildstaudenpflanzungen geeignet. Gute Schnitt- und Trockenblume.
Bewährte Sorten:
• 'Blue Ball', blau, großblütig, 100 cm.
• 'Veitch's Blue', stahlblau, 80 cm.
Weitere Art:
• *Echinops bannaticus* 'Taplow Blue', blauviolett, VIII–IX, 100 cm.

Feinstrahlaster
Erigeron-Hybriden

HÜBSCHE VERWANDTE DER ASTERN

✿ 6–7/9   ↥ 60–80 cm   ◯

Wuchs: Horstbildend, aufrecht, oft standschwach.
Blatt: Frischgrün, länglich lanzettlich.
Blüte: Sternförmige Blüten in Lila, Blau, Violett, Rosa und Weiß, sehr reich blühend.
Standort: Nährstoffreiche, nicht zu schwere Böden, sonnig.
Pflege: Sofort nach der Blüte bis auf den Boden zurückschneiden und düngen. Alle Sorten

Erigeron-Hybride 'Sommerneuschnee'

bringen nach dem Rückschnitt eine ansehnliche zweite Blüte im September. Regelmäßiges Verjüngen durch Teilung fördert die Reichblütigkeit und verhindert das Verkahlen im Inneren der Horste. Bei Bedarf stäben.

Verwendung: Für Rabatten oder wiesenartige Pflanzungen. Hübsch auch zu Rosen, Garten-Rittersporn *(Delphinium*-Hybriden), Sonnenauge *(Heliopsis helianthoides* var. *scabra)*, Stauden-Sonnenblume *(Helianthus decapetalus)* und Gräsern. Hervorragend geeignet für den Vasenschnitt, wenn in Vollblüte geschnitten wird.

Bewährte Sorten:
- 'Dunkelste Aller', violettblau, 60 cm.
- 'Sommerneuschnee', weiß, 60 cm.

Gaillardia-Hybride 'Kobold'

Kokardenblume
Gaillardia-Hybriden

EIN FARBENFROHER
SOMMERBLÜHER

✿ 7–9   ⬆ 30–50 cm   ○

Wuchs: Horstig, buschig.
Blatt: Stumpfgrün, länglich, behaart.
Blüte: Margeritenähnliche Blüten in Gelb- und Rottönen, oft auch zweifarbig in Rot und Goldgelb, überreich und lange blühend.
Standort: Sonnig-warme Plätze auf leichten Böden; Winternässe wird nicht vertragen.
Pflege: Regelmäßiges Ausschneiden der verblühten Blumen fördert die Dauerblüte. Bereits im September sollten Kokardenblumen zurückgeschnitten werden, damit sie bis zum Herbst Überwinterungsknospen bilden, die das Überleben sichern.
Verwendung: Fröhliche Farbkleckse zwischen gelb blühenden Sommerblühern wie Sonnenbraut *(Helenium*-Hybriden), Sonnenauge *(Heliopsis helianthoides* var. *scabra)*, Mädchenauge *(Coreospsis verticillata)*, Goldrute *(Solidago*-Hybriden) oder Stauden-Sonnenblumen *(Helianthus decapetalus)*. Wertvolle Schnittblume.

Bewährte Sorten:
- 'Burgunder', weinrot, 50 cm.
- 'Kobold', rotgelb, 30 cm.

Pracht-Storchschnabel
Geranium x *magnificum*

EINE PRÄCHTIGE, ALTBEWÄHRTE
GARTENPFLANZE

✿ 5–6   ⬆ 50–60 cm   ○–◐

Wuchs: Kräftig wachsend, horstig.
Blatt: Lang gestielt, breit eingeschnitten, attraktive rötliche Herbstfärbung.
Blüte: Leuchtend blauviolette Schalenblüten in üppiger Fülle.
Standort: Alle Gartenböden mit Ausnahme von schweren Böden; sonnig bis halbschattig.
Pflege: Alle Triebe nach der Blüte knapp über dem Boden zurückschneiden. Die Horste entwickeln in kürzester Zeit neue Blätter, sie bleiben kompakt und standfest.
Verwendung: Unübertroffen in Kombination mit Schleier-Frauenmantel *(Alchemilla mollis)*. Gute Füllpflanze für Beetstaudenpflanzungen. Schöner Begleiter zu Rosen, Pfingstrosen *(Paeonia*-Lactiflora-Hybriden), Bartfaden *(Penstemon cobaea)*. Auch für naturnahe Staudenwiesen am Gehölzrand, ebenfalls

Geranium x magnificum

thus decapetalus), Mädchenauge *(Coreopsis verticillata)* und Sonnenauge *(Heliopsis helianthoides* var. *scabra)*. Oder als Blau-Gelb-Kontrast zur Zweitblüte von Garten-Rittersporn *(Delphinium-*Hybriden), Feinstrahlastern *(Erigeron-*Hybriden) sowie Herbst-Astern (z. B. *Aster novi-belgii)*.

Bewährte Sorten:

- 'Baudirektor Linné', rotbraun, 120 cm, VIII–IX.
- 'Moerheim Beauty', kupferrot, 90 cm, VII–VIII.
- 'Sonnenwunder', gelb, 150 cm, VIII–IX.
- 'Waltraud', orange, 90 cm, VII–VIII.

*Helenium-*Hybride 'Baudirektor Linné'

mit Frauenmantel *(Alchemilla mollis)* sowie mit weiteren Storchschnabel-Arten *(Geranium endressii, G. pratense)*.

Sonnenbraut
Helenium-Hybriden

EIN WERTVOLLER SOMMERBLÜHER

✿ 6–9   ↕ 80–130 cm   ○

Wuchs: Aufrecht, horstig.
Blatt: Lanzettlich, raublättrig.
Blüte: Körbchenblüte in vielen warmen Farbschattierungen von Gelb, Orange, Rot und Kupfer;

große Blütenfülle und lange Blühdauer.
Standort: Nährstoffreiche, nicht austrocknende Böden; sonnig.
Pflege: Robust und pflegeleicht, hohe Sorten stäben, bei Trockenheit wässern.
Verwendung: Durch geschickte Sortenwahl kann die Blütezeit der Sonnenbraut bis in den Herbst hinein verlängert werden. Die Blütenfarben der zahlreichen Sorten sind untereinander sehr harmonisch und gut kombinierbar. Wirkungsvoll auch in der Sommerrabatte mit Goldrute *(Solidago-*Hybriden), Stauden-Sonnenblume *(Helian-*

Helianthus decapetalus 'Soleil d'Or'

(*Helenium*-Hybriden), Sonnenauge (*Heliopsis helianthoides*
var. *scabra*) und Mädchenauge
(*Coreopsis verticillata*) oder zu
den blauen Blüten von Herbst-
Astern (z. B. *Aster novi-belgii*)
oder Feinstrahlastern (*Erigeron*-
Hybriden). Dankbare Schnittstaude.
Bewährte Sorten:
• 'Capenoch Star', gelb, einfach,
  120 cm.
• 'Meteor', goldgelb, halbgefüllt, 130 cm.
• 'Soleil d'Or', goldgelb, halbgefüllt, 150 cm.

Sonnenauge
Heliopsis helianthoides
var. *scabra*

EIN ÜBERAUS REICH BLÜHENDER
SOMMERBLÜHER

 7–9 80–130 cm

Wuchs: Breitbuschige, aufrechte Horste.
Blatt: Dunkelgrün, breit lanzettförmig, gesägt, raublättrig.
Blüte: Leuchtend gelbe Körbchenblüten; auch halbgefüllte
und gefüllte Sorten. Sehr reichblütig, langer Blütenflor.
Standort: Frische, nährstoffreiche Böden in voller Sonne.
Pflege: Laufendes Ausschneiden verlängert die Blütezeit.

Stauden-Sonnenblume
Helianthus decapetalus

EIN GELBER DAUERBLÜHER
FÜR DIE SOMMERRABATTE

 7–9 120–150 cm

Wuchs: Buschig, aufrecht, nicht
wuchernd.
Blatt: Dunkelgrün, breit eiförmig, raublättrig.
Blüte: Leuchtend gelbe Zungenblüten mit brauner Mitte. Die

Blütenform variiert von einfach
über halbgefüllt bis gefüllt; sehr
reichblütiger Dauerblüher.
Standort: Nährstoffreiche und
frische Böden in voller Sonne.
Pflege: Stauden-Sonnenblumen
verlangen reichlich Dünger und
Feuchtigkeit. Regelmäßiges
Ausschneiden der Blüten verlängert den Blütenflor.
Verwendung: Schön in Kombination mit orange-, kupfer-
oder rotblütiger Sonnenbraut

Verwendung: Auf Sommerrabatten zusammen mit Sonnenbraut (*Helenium*-Hybriden), Mädchenauge (*Coreopsis verticillata*), Stauden-Sonnenblume (*Helianthus decapetalus*), Goldrute (*Solidago*-Hybriden) und Gräsern. Besonders reizvoll in Verbindung zum Blau von Feinstrahlaster (*Erigeron*-Hybriden), Garten-Rittersporn (*Delphinium*-Hybriden), Indianernesseln (*Monarda*-Hybriden) und Herbst-Astern (z. B. *Aster novi-belgii*). Ausgezeichnete Schnittblume.

Bewährte Sorten:
- 'Goldgefieder', goldgelb, gefüllt, 130 cm.
- 'Karat', goldgelb, einfach, 120 cm.
- 'Spitzentänzerin', goldgelb, halbgefüllt, 130 cm.

Heliopsis helianthoides var. *scabra* 'Benzing Gold'

Taglilie
Hemerocallis-Hybriden

SORTENREICHE BEETSTAUDE

 6–9 40–100 cm ◐

Wuchs: Kräftige Horste.
Blatt: Frischgrün, grasartig, früh austreibend.
Blüte: Lilienähnlich. Die Taglilienblüte hält nur einen Tag, daher der Name. Dennoch sehr reich und lange blühend, da laufend neue Knospen gebildet werden. Großes Farbspektrum, viele Blütenfarben von Cremeweiß über Gelb, Orange, Rosa, Rot bis hin zu Purpurtönen, außerdem viele Zwischentöne wie Melone oder Apricot. Die Blütenformen und -größen variieren je nach Sorte von miniaturblütig bis zu großblütig.
Standort: Nährstoffreiche, lehmige Böden. Ideal sind vollsonnige Standorte bei ständig feuchtem Boden. Halbschattige Standorte sind ebenfalls möglich, jedoch werden dort weniger Blüten gebildet.
Pflege: Sehr anspruchslos, nach der Blütezeit die Blütenstiele ausschneiden.
Verwendung: Sorten mit klaren Farben und Wildcharakter eignen sich für naturnahe Pflanzungen, schön auch am Teichrand. Extravagante Sorten

Hemerocallis-Hybride 'Frans Hals'

hinsichtlich der Blütenfarbe und -form besser einzeln verwenden, sodass sie richtig zur Geltung kommen. Neben den zahlreichen Sorten gibt es auch ansprechende Wildarten mit hohem Gartenwert.

Bewährte Wildarten und Sorten:
- *Hemerocallis citrina*, zitronengelb, 90 cm.
- *Hemerocallis lilioasphodelus*, hellgelb, 70 cm.

Da es rund 40 000 Sorten gibt, ist eine Sortenauswahl hier nicht sinnvoll. Große Sortimente gibt es in spezialisierten Staudengärtnereien (siehe Bezugsquellen Seite 92).

Iris-Barbata-Elatior-Hybride 'Carolina Gold'

Bart-Iris, Schwertlilie
Iris-Barbata-Hybriden

EINDRUCKSVOLLE BLÜTEN IN
VIELEN AUSSERGEWÖHNLICHEN
FARBEN

✿ 4–6   ⬆ 10–120 cm   ◯

Wuchs: Horste aus kriechenden Rhizomen, die nahe der Erdoberfläche wachsen.
Blatt: Graugrün, breit schwertförmig, wintergrün.

Blüte: Attraktive Irisblüte in fast allen Farbtönen, auch mehrfarbige Sorten. Den Namen verdankt die Bart-Iris einem Streifen meist auffällig gefärbter Haare, die sich auf den unteren Blütenblättern befinden. Viele Sorten duften.
Standort: Lehmige, nahrhafte Böden ohne Staunässe in voller Sonne.
Pflege: Die Rhizome flach und waagerecht pflanzen und nur wenig mit Erde bedecken.

Verwendung: Der Blütenflor ist auf zwei Wochen begrenzt; deshalb attraktive Begleitstauden wählen, welche die Wirkung von Iris-Pflanzungen auch nach der Blütezeit verlängern. Stimmungsvoll präsentieren sich Schwertlilien zusammen mit graulaubigen Stauden wie Katzenminze *(Nepeta mussinii)*, Eselsohr *(Stachys byzantina)*, Halbsträuchern wie Bartblume *(Caryopteris)*, Silberstrauch *(Perovskia)*, Garten-Salbei *(Salvia officinalis)* oder Lavendel *(Lavandula)* und trockenheitsverträglichen Gräsern.
Bewährte Sorten:
Die Sorten werden entsprechend ihrer Größe in 3 Gruppen eingeteilt, die sich auch in der Blütezeit unterscheiden:
- *Iris*-Barbata-Nana-Hybriden 10–30 cm, IV–V.
- *Iris*-Barbata-Media-Hybriden 40–70 cm, V.
- *Iris*-Barbata-Elatior-Hybriden 70–120 cm, V–VI.

Die *Iris*-Barbata-Nana-Hybriden sind auch für den Steingarten geeignet. Das Bart-Iris Sortiment wurde züchterisch stark bearbeitet. Inzwischen gibt es Tausende von Sorten, sodass man schwer Empfehlungen geben kann. Die besten Sorten sind in Spezialgärtnereien zu beziehen (siehe Bezugsquellen Seite 92).

Kniphofia-Hybride 'Red Chief'

Wiesen-Iris
Iris sibirica

WERTVOLLE STAUDE MIT
WUNDERSCHÖNEN BLÜTEN

 5–6 40–100 cm ◯–◑

Wuchs: Dichte Horste, aufrecht.
Blatt: Frischgrün, schmalblättrig, schilfartig, gelb-bronzefarbene Herbstfärbung.
Blüte: Auffällig geformte Blüten in Blau, Violett, Weiß und Gelb; duftend. Die Fruchtstände zieren auch nach der Blüte.
Standort: Nährstoffreiche, frische bis feuchte Böden; sonnig bis halbschattig, volle Sonne erhöht bei feuchtem Stand den Blütenreichtum.

Iris sibirica 'Teal Velvet'

Pflege: Sehr pflegeleicht, für gute Nährstoffversorgung und ausreichende Feuchtigkeit sorgen.
Verwendung: Für naturnahe Pflanzungen. Harmonische Kombinationen ergeben sich mit gelb, weiß und blau blühenden Partnern wie Trollblumen *(Trollius*-Hybriden), Jakobsleitern *(Polemonium caeruleum)*, Schleier-Frauenmantel *(Alchemilla mollis)* oder Taglilien *(Hemerocallis*-Hybriden) und Gräsern wie dem Moor-Pfeifengras *(Molinia caerulea)*.
Bewährte Sorten:
• 'Caesar', tief blauviolett, 100 cm.
• 'Cambridge', hellblau, 80 cm.
• 'Dreaming Spires', dunkelviolett, 80 cm.
• 'White Swirl', weiß, 90 cm.

Fackellilie
Kniphofia-Hybriden

EXOTISCH ANMUTENDE STAUDE
MIT PRACHTVOLLEN BLÜTEN

 6–9 50–150 cm ◯

Wuchs: Horstbildend, aufrecht.
Blatt: Dunkelgrün, schilfartig mit scharfkantigem Rand, wintergrün.
Blüte: Kolbenförmige Blütenstände in Gelb, Orange oder Rot, oft auch zwei- oder dreifarbig; wie Fackeln aussehend, daher der Name.
Standort: Für frische, aber gut durchlässige Böden an vollsonnigen Standorten. Empfindlich gegenüber Winternässe.
Pflege: Nur im Frühjahr pflanzen. Notwendig ist ein Schutz vor Winternässe und starken Frösten. Deshalb vor Winterbeginn die wintergrünen Blätter schopfartig zusammenbinden und trockenen Laubschutz geben. Blütenstiele ausschneiden, um kraftzehrende Samenbildung zu vermeiden.

Verwendung: Aufgrund des Aussehens schwierig zu kombinieren. Wirkungsvoll sind Fackellilien vor Chinaschilf (*Miscanthus sinensis*), zusammen mit Lilien (*Lilium*-Hybriden), Sommer-Salbei (*Salvia nemorosa*), Kapfuchsie (*Phygelius capensis*), Katzenminze (*Nepeta mussinii*) und Alant (*Inula*).

Bewährte Sorten:
- 'Alcazar', feuerrot, 90 cm.
- 'Express', orangerot, 80 cm.

Lavendel
Lavandula angustifolia

Wärmeliebender Halbstrauch

 6–8 30–60 cm ○

Wuchs: Kissenförmiger Halbstrauch.

Lavandula angustifolia 'Munstead'

Blatt: Silbergrau, nadelförmig, immergrüner Halbstrauch, aromatisch duftend.

Blüte: Blauviolett, lang gestielte Blütenähren, intensiv duftend.

Standort: Trockene, warme Standorte in voller Sonne, durchlässige, kalkhaltige Böden.

Pflege: Im Frühjahr ist ein kräftiger Rückschnitt mit der Heckenschere ratsam, um kompakte Polster zu erhalten. Im Sommer reicht ein leichter Rückschnitt nach dem Verblühen aus.

Verwendung: Für Einfassungen, niedrige Hecken, als Begleiter zu Rosen mit Katzenminze (*Nepeta mussinii*), Eselsohr (*Stachys byzantina*), Sommer-Salbei (*Salvia nemorosa*) oder Hohen Bart-Iris (*Iris*-Barbata-Elatior-Hybriden).

Bewährte Sorten:
- 'Hidcote Blue', violettblau, 40 cm.
- 'Munstead', mittelblau, 40 cm.

Oktobermargerite
Leucanthemella serotina
'Herbststern'

Eine imposanter Spätblüher für das Herbstbeet

 9–10 130–150 cm ○

Wuchs: Straff aufrecht, horstig.

Leucanthemella serotina 'Herbststern'

Blatt: Frischgrün, länglich lanzettlich, gezähnt.

Blüte: Vielblütige Sträuße aus großen Margeritenblüten, gelbe Mitte mit weißen Zungenblüten.

Standort: Frischer bis feuchter, nährstoffreicher Boden; sonnig, verträgt auch lichten Schatten.

Pflege: Sehr pflegeleicht. Ausreichend düngen, eventuell stäben.

Verwendung: Vor Mauern, Zäunen oder herbstfärbenden Gehölzen. Oft »unschöne Beine«, daher nur im Hintergrund verwenden und mittelhohe Stauden wie Glattblatt-Astern (*Aster novi-belgii*) oder Hohe Flammenblume (*Phlox paniculata*) davor pflanzen. Gute Schnittblume. Nur die genannte Sorte ist im Handel.

Sommer-Margerite
Leucanthemum-Maximum-Hybriden

REICH BLÜHENDE RABATTEN- UND SCHNITTSTAUDE

 6–7/9   ⬆ 50–90 cm   ○

Wuchs: Breite Horste bildend, teilweise standschwach.
Blatt: Dunkelgrün, lanzettlich, gezähnt.
Blüte: Große, weiße Margeritenblüten, einfach, halbgefüllt oder gefüllt.
Standort: Gut durchlässige Böden in voller Sonne, winternasse Standorte meiden, sonst kurzlebig.
Pflege: Viele Sorten sind standschwach, daher bei Bedarf stäben. Nach der Blüte zurück-

Leucanthemum-Maximum-Hybride 'Wirral Supreme'

schneiden, um zweiten Blütenansatz im September zu erzielen. Düngen und Wässern fördert die Zweitblüte. Alle 3–4 Jahre teilen und umpflanzen, sonst standschwach und kurzlebig.
Verwendung: Aufgrund der neutralen Farbe vielseitig kombinierbar. Schön zu Garten-Rittersporn *(Delphinium-*Hybriden), Feinstrahlastern *(Erigeron-*Hybriden), Hohe Flammenblume *(Phlox paniculata)*, Brennende Liebe *(Lychnis chalcedonica)* und Lupinen *(Lupinus-*Polyphyllus-Hybriden). Standfeste und kompakt wachsende Sorten bevorzugen.
Bewährte Sorten:
• 'Beethoven', weiß, einfach, 80 cm.
• 'Gruppenstolz', weiß, einfach, 50 cm.
• 'Wirral Supreme', weiß, gefüllt, 80 cm.

Garten-Lupine
Lupinus-Polyphyllus-Hybriden

EIN FARBPRÄCHTIGER SCHMETTERLINGSBLÜHER

 5–6/9   ⬆ 70–90 cm   ○

Wuchs: Aufrechte Horste.
Blatt: Frischgrün, fingerförmig geteilt.

Lupinus-Polyphyllus-Hybride 'Kastellan'

Blüte: Lange Blütenkerzen in vielen leuchtenden Farben. Das Farbspiel reicht von Weiß über Rosa, Rot, Gelb, Blau bis hin zu Schwarzblau.
Standort: Gedeiht am besten in durchlässigen, tiefgründigen, vorzugsweise schwach sauren Böden auf sonnigen Plätzen. Im Frühjahr benötigen Lupinen ausreichend Feuchtigkeit.
Pflege: Lupinenblätter vergilben nach der Blüte und sehen unansehnlich aus. Ein Rückschnitt fördert den Neuaustrieb von frischgrünen Blättern und eine schwache Nachblüte im Herbst.

Lupinen sind kurzlebig, besonders die gelbblütigen Sorten. Daher müssen sie alle 3–4 Jahre nachgepflanzt werden.

Verwendung: Lupinen sehen nach der Blüte oft unvorteilhaft aus bzw. hinterlassen Löcher nach dem Rückschnitt. Deshalb sollte man sie nur in kleinen Gruppen und nicht in den Vordergrund pflanzen, sodass die Lücken den Sommer über verdeckt werden. Als Partner sind Pfingstrosen *(Paeonia*-Lactiflora-Hybriden)*, Glattblatt-Astern *(Aster novi-belgii)* und Sommer-Margeriten *(Leucanthemum*-Maximum-Hybriden) zu empfehlen.

Bewährte Sorten:
- 'Kastellan', blau, 80 cm.
- 'Kronleuchter', gelb, 80 cm.
- 'Mein Schloß', rot, 80 cm.
- 'Schloßfrau', rosa, 80 cm.

Lychnis coronaria

Brennende Liebe
Lychnis chalcedonica

LEUCHTEND ROTE RABATTENSTAUDE

 6–7   🌱 80–100 cm   ○

Wuchs: Straff aufrecht, horstig.
Blatt: Stumpfgrün, schmalblättrig, rau behaart, Stängel umfassend.
Blüte: Ziegelrote, endständige Blütendolden aus sternförmigen Einzelblüten.
Standort: Frischer, nährstoffreicher Boden, vollsonnig.
Pflege: Nach der Blüte bis zu den Blättern zurückschneiden, um Neuaustrieb aus den Blattachseln zu fördern; vereinzelt kommt es dann auch zu Nachblüten.
Verwendung: Schwierig zu kombinierende Blütenfarbe; gut zu blauem Garten-Rittersporn *(Delphinium*-Hybriden), Sommer-Margerite *(Leucanthemum*-Maximum-Hybriden) und Gräsern. Leuchtkräftige Schnittblume.

Kron-Lichtnelke, Vexiernelke
Lychnis coronaria

BIZARR WACHSENDER LÜCKENFÜLLER

 6–7   🌱 60–80 cm   ○

Wuchs: Dichte Blattrosetten, die von verzweigten Blütenstängel überragt werden, meist zweijährig, reich versamend.
Blatt: Graufilzig, länglich-eiförmig.
Blüte: Karminrote Blüten sitzen an locker verzweigten, grauen Blütenstängeln. Auch als weiß blühende Sorte erhältlich.
Standort: Bevorzugt trockene, gut durchlässige Böden und vollsonnige Standorte.

Lychnis chalcedonica

Pflege: Nach der Samenreife Blütenstiele ausschneiden.
Verwendung: Dekorativer Lückenfüller in Staudenrabatten.
Bewährte Sorte:
• 'Alba', weiß, 70 cm.

Indianernessel
Monarda-Hybriden

Duftender Sommerblüher, der Bienen und Schmetterlinge anlockt

 6–9 80–120 cm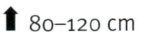

Wuchs: Dicht belaubte Horste, straff aufrecht.

Monarda-Hybride 'Gardenview Scarlet'

Blatt: Breit lanzettlich, aromatisch duftend, behaart.
Blüte: Lippenblüten in dichten, endständigen Quirlen, lange Blütezeit, viele verschiedene Sorten in Weiß, Rosa, Rot, Blau und Purpur.
Standort: Feuchte, nährstoffreiche Böden in sonnigen Lagen, empfindlich gegen Winternässe.
Pflege: Bei Trockenheit anfällig für Echten Mehltau, daher vorbeugend ausreichend wässern.
Verwendung: Hübscher Partner zu Blutweiderich *(Lythrum salicaria)*, Gelenkblume *(Physostegia virginiana)*, Purpursonnenhut *(Echinacea purpurea)* und Gräsern. Der intensive Duft lockt Bienen, Schmetterlinge und andere Insekten an.
Bewährte Sorten:
• 'Blaustrumpf', dunkellila, 100 cm.
• 'Cambridge Scarlet', scharlachrot, 100 cm.
• 'Präriebrand', rot, 120 cm.

Katzenminze
Nepeta mussinii

Dauerblüher, der vielseitig kombinierbar ist

 5–9 30–60 cm

Wuchs: Vieltriebige Horste, buschig.

Nepeta x *faassenii* 'Six Hills Giant'

Blatt: Graugrün, aromatisch duftend.
Blüte: Lavendelblaue Blüten an lockeren Blütenrispen, Dauerblüher.
Standort: Trocken bis frisch, gut Trockenheit vertragend, durchlässige Böden.
Pflege: Alle Triebe nach der ersten Blüte zurückschneiden, die Pflanzen treiben willig wieder aus und blühen ein zweites Mal. Der aromatische Duft wirkt anziehend auf Katzen, daher der Name.

Ähnlich zu verwenden ist *Nepeta* × *faassenii* mit den bewährten Sorten:
• 'Six Hills Giant', lavendelfarben, 80 cm.
• 'Walker's Low', blau, 60 cm.

Verwendung: Breite Einfassungsbänder, Trockenmauern, für Schotterbeete, zu Rosen. Starke Anziehungskraft auf Bienen, Schmetterlinge und andere Insekten.

Edel-Pfingstrose
Paeonia-**Lactiflora-Hybriden**

EINE DER PRÄCHTIGSTEN STAUDEN FÜR DAS SONNIGE BEET

❀ 6 ⬆ 60–120 cm ○

Wuchs: Horstförmig, aufrecht.
Blatt: Dunkelgrün glänzend, geschlitzt, auffällig rot gefärbter Austrieb, bronzefarbene Herbstfärbung.
Blüte: Auffällige Blüten in Weiß, Rosa oder Karmin, je nach Sorte einfach, halbgefüllt oder dicht gefüllt, angenehm duftend.
Standort: Lehmhaltige, nährstoffreiche, frische Böden, sonnig.

Paeonia-Lactiflora-Hybride 'Bowl of Beauty'

Pflege: Verwelkte Blüten ausschneiden, um kraftzehrenden Samenansatz zu vermeiden. Die beste Pflanzzeit ist der Herbst. Beim Pflanzen sollten die Augen höchstens 5 cm mit Erde bedeckt sein, da sie sonst blühfaul werden. Pfingstrosen sind langlebige Pflanzen, die man möglichst ungestört wachsen lassen sollte. Mit den Jahren werden sie immer schöner. Allerdings benötigen sie viel Platz, ungefähr 1 m² pro Pflanze.
Verwendung: Gute Partner sind Lupinen *(Lupinus-*Polyphyllus-

Hybriden), Schleier-Frauenmantel *(Alchemilla mollis)*, Pracht-Storchschnabel *(Geranium × magnificum)* und Garten-Rittersporn *(Delphinium*-Hybriden).
Bewährte Sorten:
• 'Festiva Maxima', weiß, gefüllt, 80 cm.
• 'Murillo', zartrosa, einfach, 70 cm.
• 'Sarah Bernhardt', rosa, gefüllt, 90 cm.
• 'Schwindt', karminrosa, einfach, 70 cm.
Hinweis: Bei beiden Arten ist die ganze Pflanze giftig!

Altbewährt sind auch die Sorten der Bauern-Pfingstrose *(Paeonia officinalis)* mit ihren großen, dicht gefüllten Blüten. Die bekanntesten Sorten sind:
• 'Alba Plena', weiß, gefüllt, 80 cm.
• 'Rosea Plena', rosa, gefüllt, 80 cm.
• 'Rubra Plena', rot, gefüllt, 80 cm.

Türkischer Mohn
Papaver orientale

AUFFÄLLIGE BLÜTEN,
DIE KAUM ZU ÜBERTREFFEN SIND

❀ 5–6   ⬆ 50–100 cm   ○

Wuchs: Horstig, aufrecht, nicht alle Sorten sind standfest. Mohn zieht nach der Blüte ein und bildet im Herbst kleine Blattrosetten. Diese sterben im Winter ab. Im Frühjahr treiben sie erneut aus und entwickeln zahlreiche Blütentriebe.
Blatt: Stumpfgrün, großblättrig, fiederartig eingeschnitten, borstig behaart.
Blüte: Lang gestielte, bis zu 20 cm große Schalenblüten, ungefüllt oder halb gefüllt. Leuchtende Farben von Orange, Rot, Lachs, Rosa bis Weiß, am Blütenboden oft schwarz gepunktet.
Standort: Mäßig trockene, nährstoffreiche und durchlässige Böden; warme, sonnige Plätze.
Pflege: Nach der Blütezeit die ganze Pflanze vollständig zurückschneiden, um ein Vergilben zu vermeiden und den Neuaustrieb zu fördern. Regelmäßig düngen.
Verwendung: Mohn ist aufgrund der grellen und schwer kombinierbaren Farben schwierig in der Verwendung. Am besten einzeln oder zu dritt pflanzen und in der Beetmitte verwenden, damit nach dem Einziehen bzw. Rückschnitt nicht zu große Löcher in der Pflanzung verbleiben. Als Begleiter sollte man Stauden mit zurückhaltenden oder neutralen Farben wählen, wie Sommer-Salbei *(Salvia nemorosa)* oder Eselsohr *(Stachys byzantina)*.
Bewährte Sorten:
• 'Aladin', leuchtend rot, 80 cm.
• 'Feuerriese', ziegelrot, 80 cm.
• 'Karine', hellrosa, 60 cm.
• 'Türkenlouis', leuchtend rot, 80 cm.
Hinweis: Alle Pflanzenteile enthalten giftigen Milchsaft!

Papaver orientale 'Türkenlouis'

Phlomis russeliana

Brandkraut
Phlomis russeliana

EIN ROBUSTER SOMMERBLÜHER
FÜR TROCKENE GARTENECKEN

✿ 6–7   ⬆ 80–100 cm   ○

Wuchs: Durch Ausläuferbildung
entstehen dichte Blattteppiche,
die von den Blütenständen weit
überragt werden. Flächendecker.
Blatt: Oval bis herzförmig, behaart, runzelig.
Blüte: Zartgelbe Lippenblüten,
die auf straff aufrechten Stielen
quirlartig angeordnet sind. Die
dekorativen Fruchtstände zieren
den ganzen Winter über.

Standort: Für jeden Gartenboden, verträgt volle Sonne und
Trockenheit.
Pflege: Fruchtstände erst nach
dem Winter im Frühjahr zurückschneiden. Zu groß gewordene
Flächen durch Abstechen verkleinern.
Verwendung: Imposanter Bodendecker mit hohem Platzbe-
darf, nur für größere Beete
geeignet. Für trockene Gehölzränder, Schotterbeete, Steppen-
pflanzungen. Günstige Partner
sind Sommer-Salbei *(Salvia nemorosa)*, Katzenminze *(Nepeta
mussinii)*, Kugeldistel *(Echinops
ritro)* oder Gold-Garbe *(Achillea*

Phlox paniculata 'Landhochzeit'

filipendulina) sowie trocken-
heitsverträgliche Gräser wie der
Atlas-Schwingel *(Festuca mairei)*.

Hohe Flammenblume,
Hoher Phlox
Phlox paniculata

ANGENEHM DUFTENDE
BLÜTENSTAUDE

✿ 6–9   ⬆ 70–140 cm   ○

Wuchs: Horstig, aufrecht.
Blatt: Stumpfgrün, eiförmig-lan-
zettlich.
Blüte: Kuppelförmige Dolden in
Weiß, Rosa, Rot, Lila und Violett,

viele Sorten auch zweifarbig (mit zentralem »Auge«), sehr angenehm duftend.

Standort: Frische bis feuchte, nährstoffreiche und gut durchlässige Böden, hohe Luftfeuchtigkeit liebend, sonnig.

Pflege: Blüten ausschneiden, um Selbstaussaat zu verhindern. Sämlinge »fallen nicht farbecht«, blühen also in anderen Farben als die Mutterpflanze. Die Schönheit der Phloxe wird oft durch Echten Mehltau und Stängelnematoden getrübt. Beste Vorsorgemaßnahmen sind gleichmäßige Bodenfeuchtigkeit und regelmäßige Düngung. Hohe Sorten müssen gestäbt werden.

Verwendung: Für Rabatten und Schnittblumenbeete. Viele harmonische Farbtöne, die sich gut miteinander kombinieren lassen. Bevorzugt an Gartenplätzen, wo man den phantastischen Duft gut wahrnehmen kann.

Bewährte Sorten:
- 'Düsterlohe', dunkelviolett, 90 cm.
- 'Kirmesländler', weiß mit rosa Auge, 120 cm.
- 'Landhochzeit', rosa mit purpurrotem Auge, 140 cm.
- 'Sternenhimmel', hellviolett, 80 cm.
- 'Württembergia', karminrosa, 70 cm.

Gelenkblume
Physostegia virginiana

EIN SOMMERBLÜHER, DER ERST IM AUGUST RICHTIG ZUR GELTUNG KOMMT

❀ 7–9   ↑ 70–100 cm   ○

Wuchs: Aufrechte Horste, unterirdische Ausläufer bildend.

Blatt: Dunkelgrün, schmal lanzettförmig, gesägt.

Blüte: Lange Blütenähren aus Einzelblüten, die an Gelenken sitzen und beweglich sind. Sorten in Weiß, Rosa und Violett.

Standort: Frische, humus- und nährstoffreiche Böden, trockene Standorte meiden, sonnig.

Pflege: Sehr robust und pflegeleicht, in Trockenzeiten gründlich wässern. Platzbedürftig, durch Ausläuferbildung zu groß gewordene Horste durch Abstechen verkleinern.

Verwendung: Interessant durch den späten Blütenhöhepunkt. Am Teichrand, für wiesenartige Pflanzungen. Wirkungsvoll in Rabatten mit Indianernessel (*Monarda*-Hybriden), Hoher Flammenblume (*Phlox paniculata*), Purpursonnenhut (*Echinacea purpurea*) und Gräsern.

Bewährte Sorten:
- 'Bouquet Rose', violettrosa, 80 cm.

Physostegia virginiana 'Vivid'

- 'Summersnow', weiß, 80 cm.
- 'Vivid', rosa, 60 cm.

Jakobsleiter, Himmelsleiter
Polemonium caeruleum

EIN HIMMELBLAUER FRÜHLINGSBLÜHER

❀ 5–6/9   ↑ 40–70 cm   ○

Wuchs: Dichte Blattschöpfe, horstartig.

Blatt: Frischgrün, gefiedertes Laub, das an Leitern erinnert.

Polemonium caeruleum

Blüte: Kleine, schalenförmige Blüten in dichten, endständigen Rispen, hellblau, lilablau oder weiß, leicht duftend.
Standort: Jakobsleitern wachsen in jedem normalen Gartenboden an sonnigen bis halbschattigen Plätzen, sind aber empfindlich auf zu trockenen Standorten.
Pflege: Nach der Blüte ganz zurückschneiden, es folgt ein kräftiger Neuaustrieb und ein zweiter Blütenflor im September.
Verwendung: Am lichten Gehölzrand, in wiesenhaften Pflanzungen, für feuchte Rabatten mit Wiesen-Iris *(Iris sibirica)*, Trollblumen *(Trollius-*Hybriden)*, Langblättriger Kerzen-Veronika *(Veronica longifolia)*, Taglilien *(Hemerocallis-*Hybriden) oder

Dreimasterblume *(Tradescantia-Andersoniana-Hybriden)*.
Bewährte Sorten:
• 'Album', weiß, 40 cm.
Weitere Art:
• *Polemonium × richardsonii,* blüht himmelblau, 5–6/9, 50 cm.

Goldsturm-Sonnenhut
Rudbeckia fulgida
var. *sullivantii* 'Goldsturm'

BLÜTENTEPPICHE
AUS GOLDGELBEN BLÜTEN

✿ 7–9   ⬆ 70 cm   ◯

Wuchs: Breite Horste bildend, standfest.

Blatt: Dunkelgrün, breit lanzettlich.
Blüte: Goldgelbe Strahlen mit schwarzbrauner Mitte, die Blüten sitzen auf verzweigten Stielen deutlich über den Blattschöpfen, reich blühender Dauerblüher.
Standort: Ausreichend frische bis feuchte, nährstoffreiche Böden in voller Sonne.
Pflege: Pflegeleicht, verwelkte Blüten ausschneiden, um Blütezeit zu verlängern, in Trockenzeiten gießen.
Verwendung: Wertvolle Staude für sonnige Rabatten. Nicht einzeln, sondern in Gruppen verwenden. Gute Fernwirkung. 'Goldsturm' ist die einzige Sorte dieser Art im Handel.

Rudbeckia fulgida var. *sullivantii* 'Goldsturm'

Salvia nemorosa 'Blauhügel'

Sommer-Salbei
Salvia nemorosa

SCHÖNER BLAU-VIOLETTER SOM-
MERBLÜHER

❀ 5–7/9 ⬆ 40–70 cm ◯

Wuchs: Horstig, aufrecht.
Blatt: Stumpfgrün, oval-lanzettlich, aromatisch duftend.
Blüte: Schmale Blütenkerzen in
vielen Blau- und Violetttönen,
auch weiß- und rosafarbene
Sorten. Unermüdlicher Dauerblüher, gute Bienenweide.
Standort: Kalkhaltige, mäßig
trockene, durchlässige Böden
in voller Sonne. Je schwerer der
Boden, desto kurzlebiger und
standschwächer ist der Sommer-Salbei.

Pflege: Ein Totalrückschnitt
sofort nach der Blüte fördert
die Zweitblüte im September.
Gleichzeitig düngen, um Neuaustrieb und Blütenansatz zu
fördern.
Verwendung: Vielseitig zu verwenden, wichtiger blauer Farb-
träger auf Rabatten, zusammen
mit Gold-Garbe *(Achillea filipendulina)*, Kugeldistel *(Echinops
ritro)*, Färberkamille *(Anthemis
tinctoria)*, Brandkraut *(Phlomis
russeliana)* und Gräsern. Gute
Begleitstaude zu Rosen.
Bewährte Sorten:
• 'Blauhügel', mittelblau, 40 cm.
• 'Mainacht', blauviolett, 40 cm.
• 'Ostfriesland', tief violettblau,
  50 cm.

Purpur-Fetthenne
Sedum telephium

ATTRAKTIVER
SPÄTSOMMERBLÜHER

❀ 8–11 ⬆ 50–60 cm ◯

Wuchs: Horstartig, aufrecht.
Blatt: Graugrün, fleischig, gelbe
Herbstfärbung.
Blüte: Rostrote, doldenartige
Blütenstände, auch im verblüh-
ten Zustand noch ansprechend.
Standort: Mäßig trocken und
durchlässig, sandig-lehmige
Böden, sonnig.

Pflege: Sehr pflegeleicht, der
Herbst- bzw. Winterschnitt sollte bis zum Frühjahr verschoben
werden, da die Blütenstände
auch im Winter noch sehr reizvoll sind.
Verwendung: In Kies- und
Schotterbeeten, effektvoll mit
anderen Herbstblühern wie
Glattblatt-Astern *(Aster novi-
belgii)*, Steinquendel *(Calamintha nepeta)*, graulaubigen Stauden und Gräsern.

Bewährte Sorten:
• 'Herbstfreude', rostrot, 50 cm.
• 'Matrona', rosa, leicht purpur-
  farbenes Laub, 60 cm.

Sedum telephium 'Herbstfreude'

Tradescantia-Andersoniana-Hybride

Goldrute
Solidago-Hybriden

WERTVOLLER SOMMERBLÜHER
MIT HOHEM SCHNITTWERT

❀ 6–9   ↕ 60–80 cm   ○

Wuchs: Dichtbuschig, aufrecht, große Horste bildend.
Blatt: Dunkelgrün, lanzettförmig.
Blüte: Goldgelbe Blütenrispen, dicht verzweigt, locker überhängend.
Standort: Nährstoffreiche, frische bis feuchte Böden, sonnig.
Pflege: Sofort nach dem Verblühen Blüten ausschneiden, um Versamung zu verhindern, da sich die Pflanzen sonst über-

Solidago-Hybride

all im Garten ansiedeln. Bei Trockenheit ausreichend wässern, da anfällig für Echten Mehltau.
Verwendung: In Kombination mit Gräsern und anderen Sommerblühern wie Goldsturm-Sonnenhut *(Rudbeckia fulgida* var. *sullivantii* 'Goldsturm'), Sonnenauge *(Heliopsis helianthoides* var. *scabra)*, Stauden-Sonnenblume *(Helianthus decapetalus)* und Gräsern. Hervorragende Schnittstaude, auch im nicht blühenden Zustand hohe Schnittqualität als Beigrün.

Bewährte Sorten:
• 'Goldwedel', goldgelb, 60 cm.
• 'Ledsham', hellgelb, 80 cm.
• 'Spätgold', gelb, 60 cm.

Dreimasterblume
Tradescantia-Andersoniana-Hybriden

ANSPRUCHSVOLLE BLÜTEN- UND
BLATTSCHMUCKSTAUDE

❀ 6–9   ↕ 40–50 cm   ○

Wuchs: Buschig, mit den Jahren sehr breit werdend.

Blatt: Frischgrün, grasartig.
Blüte: Dreiteilige Blüten in dichten Büscheln. Jede Einzelblüte blüht nur einen Tag, durch den ständigen Blütenansatz ergibt sich aber insgesamt eine lange Blühdauer. Sorten in Weiß, Rosa, Karmin, Violett und Blau.
Standort: Frische bis feuchte, nährstoffreiche Böden auf sonnigen bis halbschattigen Plätzen. Bei zu trockenem Stand wird das Laub unansehnlich und vergilbt.
Pflege: Bei ausreichend feuchtem Standort sehr pflegeleicht. Nach der Blütezeit die ganze Pflanze zurückschneiden, um Selbstaussaat zu verhindern und einen frischgrünen Neuaustrieb anzuregen. Vereinzelt gibt es dann auch Nachblüten.
Verwendung: Am Wasserrand, in wiesenartigen Pflanzungen mit Taglilien *(Hemerocallis*-Hybriden), Wiesen-Iris *(Iris sibirica)*, Jakobsleitern *(Polemonium caeruleum)*, Langblättrigem Kerzen-Ehrenpreis *(Veronica longifolia)* und Trollblumen *(Trollius*-Hybriden).
Bewährte Sorten:
• 'Gisela', weiß, 50 cm.
• 'I. C. Weguelin', lavendelblau, 50 cm.
• 'Karminglut', karminrot, 40 cm.
• 'Zwanenburg Blue', mittelblau, 50 cm.

Garten-Trollblume
Trollius-Hybriden

LEUCHTEND GELBE
FRÜHLINGSBOTEN

✿ 4–6/9 ↑ 50–70 cm ◯–◖

Wuchs: Horstig, buschig.
Blatt: Frischgrün, handförmig zerteilt, die Blätter vergilben nach der Blüte und ziehen ein.
Blüte: Kugelige, gefüllte Blüten in Gelb, Goldgelb und Orange.
Standort: Lehmige, nahrhafte und humusreiche Böden, frisch bis feucht. Je feuchter der Boden ist, desto sonniger kann der Standort sein.
Pflege: Nach der Blüte vollständig zurückschneiden, um erneuten Austrieb und einen

(schwächeren) zweiten Flor zu fördern.
Verwendung: Im mittleren Beetbereich pflanzen, damit die Lücken nach der Blüte von anderen Stauden verdeckt werden. Für wiesenartige Staudenpflanzungen, am Teichrand. Passende Begleiter sind Jakobsleiter *(Polemonium caeruleum)*, Langblättriger Kerzen-Ehrenpreis *(Veronica longifolia)*, Schleier-Frauenmantel *(Alchemilla mollis)* und Dreimasterblume *(Tradescantia*-Andersoniana-Hybriden).
Bewährte Sorten:
• 'Goldquelle', gelb, 70 cm.
• 'Orange Globe', orangegelb, 70 cm.
Hinweis: Die ganze Pflanze ist giftig!

Trollius-Hybride

Langblättriger Kerzen-Ehrenpreis
Veronica longifolia

WICHTIGER BLAUTRÄGER FÜR DIE SOMMERLICHE STAUDENRABATTE

❀ 7–8   ↕ 60–100 cm   ○

Wuchs: Horstig, aufrecht, häufig standschwach.
Blatt: Dunkelgrün, länglich lanzettliche Blätter, sehr lang zugespitzt.
Blüte: Lange schlanke Ähren mit blauen oder weißen Blüten, reich blühend.
Standort: Nährstoffreiche, vorzugsweise lehmige, gut durchlässige Böden in sonniger Lage.

Veronica longifolia 'Blaubart'

Pflege: In Trockenperioden ausreichend wässern, nach der Blüte die Ähren ausschneiden. Teilweise etwas standschwach.
Verwendung: Wichtiger Blauton für Rabatten, am Teichrand, wunderschön in Gesellschaft von weiß und gelb blühenden Partnern wie Taglilien (*Hemerocallis*-Hybriden), Goldsturm-Sonnenhut (*Rudbeckia fulgida* var. *sullivantii* 'Goldsturm'), Mädchenauge (*Coreopsis verticillata*).
Bewährte Sorten:
• 'Blaubart', blau, 50 cm.
• 'Blauriesin', blau, 80 cm.
• 'Schneeriesin', weiß, 100 cm.

Uferaster, Vernonie
Vernonia arkansana
(Syn.: *V. crinita*)

AUFFÄLLIGER HERBSTBLÜHER, DER AN ASTERN ERINNERT

❀ 9–10   ↕ 160–200 cm   ○

Wuchs: Buschige Horste, aufrecht.
Blatt: Dunkelgrün, schmal lanzettlich.
Blüte: Kleine, purpurviolette Einzelblüten, die zu auffälligen Doldenrispen vereint sind.
Standort: Alle Gartenböden, die ausreichend frisch und nahrhaft sind. Sonnige Plätze.

Vernonia arkansana

Pflege: Bei Bedarf stäben, nach der Blüte die Samenstände ausschneiden.
Verwendung: Diese Wildart ist wenig bekannt, aber sehr dekorativ und gesund. Als spätblühende Solitärpflanze für die Herbstrabatte geeignet. Zusammen mit anderen Herbstblühern wie Astern (*Aster ericoides*, *A. novi-belgii*, *A. novae-angliae*), Herbstmargerite (*Leucanthemella serotina*), Gelenkblume (*Physostegia virginiana*) und Gräsern wie Chinaschilf (*Miscanthus sinensis*), Reitgras (*Calamagrostis* × *acutiflora*) oder Riesen-Pfeifengras (*Molinia arundinacea*). Haltbare Schnittblume.

Stauden für halbschattige und schattige Beete

Blauer Eisenhut
Aconitum napellus

EINHEIMISCHE GARTENSTAUDE, DIE ALT UND STATTLICH WERDEN KANN

✿ 7–8   ↕ 100–150 cm   ◑

Wuchs: Aufrecht und horstig wachsend.
Blatt: Dunkelgrün, handförmig, fiederartig geschlitzt.
Blüte: Tiefblau, helmartige Blüten in vielblumigen Rispen.

Aconitum napellus

Standort: Frische und nährstoffreiche Böden, halbschattig, bei ausreichender Feuchtigkeit auch sonnig.
Pflege: Gute Nährstoffversorgung. In Trockenperioden ausreichend wässern, sonst Läusebefall.
Verwendung: Gehölzrandbeete, im lichten Schatten vor Gehölzen. Die dunkle Blütenfarbe ziert besonders in Verbindung mit weiß und gelb blühenden Nachbarn wie Großer Sterndolde *(Astrantia major)*, Wald-Geißbart *(Aruncus dioicus)* oder Kreuzkraut *(Ligularia*-Hybriden). Wirkungsvoll auch in Astilbenpflanzungen.
Hinweis: Alle Pflanzenteile sind giftig, besonders die Wurzeln!

Herbst-Anemone
Anemone-Japonica-Hybriden

WUNDERSCHÖNER HERBSTBLÜHER

✿ 9–10   ↕ 60–120 cm   ◑

Wuchs: Buschige Horste, die sich durch Ausläufer ausbreiten.
Blatt: Stumpfgrün, dreilappig, behaart.
Blüte: Schalenförmige Blüten in Weiß, Rosa oder Karminrot, reichblütig, schmuckvolle Fruchtstände, auch halbgefüllt und gefüllt blühende Sorten.

Die Blütezeit kann durch Pflanzung verwandter Arten verlängert werden, beispielsweise von
- *Aconitum × cammarum* 'Bicolor', blau mit weiß, 120 cm, VII–VIII.
- *Aconitum carmichaelii* 'Arendsii', violettblau, 120 cm, IX–X.

Standort: Lehmig, humoser nährstoffreicher Boden, an halbschattigen Plätzen.
Pflege: Im Jahr nach der Pflanzung mit Laubdecke schützen. Sehr langlebig und pflegeleicht.
Verwendung: Vor Gehölzen, auf Rabatten. Gut zwischen mittelhohen Stauden wie Prachtspieren *(Astilbe*-Hybriden) oder

Anemone-Japonica-Hybride

Funkien (*Hosta*-Hybriden), die natürlichen Halt bieten. Eisenhut (*Aconitum*), Silberkerzen (*Cimicifuga*) und schattenverträgliche Gräser vollenden die Pflanzung.

Bewährte Sorten:
- 'Bressingham Glow', rubinrosa, 60 cm.
- 'Honorine Jobert', weiß, einfach blühend, 100 cm.
- 'Rosenschale', rosa, halbgefüllt, 80 cm.

Gewöhnliche Akelei
Aquilegia vulgaris

KURZLEBIGE GARTENPFLANZE, DIE SICH REICHLICH VERSAMT

 5–6   40–80 cm

Wuchs: Locker horstig, aufrecht.
Blatt: Zusammengesetzte, bläulich-grüne Blätter, die nach der Blüte schnell vergilben und einziehen.
Blüte: Vielblumige Blütenstände mit glockenförmigen, ge-

Außer der Wildart und deren Sorten sind von der Akelei viele Hybriden im Handel. Diese sind großblütiger, langsporniger und häufig auffälliger in den Blütenfarben, oft auch zweifarbig.

spornten Blüten in Blau, Violett, Rosa, Weiß und Purpur.
Standort: Frische, humose Böden, halbschattig.
Pflege: Akeleien sind kurzlebig, aber auf humosen, nahrhaften Böden versamen sie sich gerne.
Verwendung: Im Gehölzbereich, auf Beeten, im Naturgarten zum Verwildern. Bei der Pflanzung auf Beeten ist zu beachten, dass Akeleien nach der Blüte schnell unansehnlich werden und einziehen. Daher nicht im Vordergrund pflanzen, sondern als Lückenfüller im mittleren Beetbereich, sodass die Löcher den Sommer über nicht auffallen.
Weitere bewährte Formen:
- *Aquilegia*-Hybride 'Blue Star', blau mit weiß, 60 cm.
- *Aquilegia chrysantha* 'Yellow Queen', zartgelb, 80 cm.

Wald-Geißbart
Aruncus dioicus

SEHR DAUERHAFTE GARTENSTAUDE, DIE IM ALTER IMMER SCHÖNER WIRD

 6–7   170–200 cm

Wuchs: Horstartig, aufrecht, im Laufe der Jahre große Büsche bildend.
Blatt: Frischgrün, mehrfach gefiedert.

Aquilegia vulgaris

Blüte: Duftig verzweigte, cremeweiße Blütenrispen über den Blättern. Die Blüten sind zweihäusig, d. h., die männlichen und weiblichen Blüten sitzen auf verschiedenen Pflanzen. Die männlichen Blütenrispen sind graziler und heller in der Blütenfarbe.
Standort: Nährstoffreiche, feuchte, humose Böden, halbschattig.
Pflege: Die Blütenstände der weiblichen Pflanzen sollte man vor der Samenreife auf Blätter-

höhe zurückschneiden. Die männlichen Blütenrispen können als Winterzierde stehen bleiben, da sie nicht aussamen. Sehr anspruchslose Staude.
Verwendung: Wirkungsvolle Solitärstaude, die am besten im Hintergrund einer Rabatte oder als Blickfang im Schattengarten zur Geltung kommt. Passt gut zu Glockenblumen *(Campanula)*, Prachtspieren *(Astilbe-*Hybriden), Eisenhut *(Aconitum)*, Schaublatt *(Rodgersia)* oder Großer Sterndolde *(Astrantia major)*.

Aruncus dioicus

Wald-Aster, Gebüsch-Aster
Aster divaricatus

EINE HERBSTBLÜHENDE WILD-ASTER FÜR DEN GEHÖLZRAND

❀ 8–10   🡡 50–70 cm

Wuchs: Horstig, halbkugelförmig, vieltriebig.
Blatt: Frischgrün, eiförmig-länglich, gelbliche Herbstfärbung.
Blüte: Weiße Blütenwolken aus kleinen, sternförmigen Einzelblüten.
Standort: Anspruchslos, in jedem Gartenboden an halb-

schattigen Plätzen; auch für trockene Gehölzränder geeignet.
Pflege: Pflegeleicht, nur Rückschnitt im Herbst notwendig.
Verwendung: Zur Unterpflanzung von Gehölzen und in Gehölzrandpflanzungen. Schöne Kombinationen ergeben sich mit Funkien *(Hosta-*Hybriden), Glockenblumen *(Campanula)* und Schleier-Frauenmantel *(Alchemilla mollis)*.

Astilbe, Prachtspiere
*Astilbe-*Hybriden

ASTILBEN VERZAUBERN HALBSCHATTIGE GARTENPARTIEN MIT IHREM FARBSPIEL

❀ 6–9   🡡 20–120 cm

Wuchs: Horstig, breit buschig.
Blatt: Dunkelgrün, gefiedert, im Austrieb oft bronzefarben bis rötlich getönt.
Blüte: Aufrechte, federige Rispen in vielen Nuancen von Weiß, Rosa, Lila, Rot und Purpur.
Standort: Ideal sind frische, humose Böden im Halbschatten, bei genügend Boden- und Luftfeuchtigkeit gedeihen Astilben auch in der Sonne, ungeeignet für sommertrockene und warme Gebiete.
Pflege: In heißen Sommern wässern und besprühen. Wenn

die kriechenden Wurzelstöcke mit den Jahren aus dem Boden wachsen, sollten sie mit Humus oder Kompost überdeckt werden. Blütenstände erst im Frühjahr zurückschneiden, da sie den winterlichen Garten bereichern.

Verwendung: Es gibt eine Vielzahl von Sorten, die unterschiedlichen Gruppen angehören. Diese variieren hinsichtlich Blütenfarbe, -form und -zeit sowie in der Höhe. Um das stimmungsvolle Farbspiel der Astilben auszuschöpfen, sollte man immer mehrere Sorten pflanzen. Astilben nie einzeln, sondern

immer in kleinen Gruppen pflanzen. Vollendet wirkt eine Astilbenpflanzung in Kombination mit Silberkerzen *(Cimicifuga)*, Herbst-Anemonen *(Anemone-Japonica-Hybriden)* und Eisenhut *(Aconitum)*.

Bewährte Astilben-Gruppen:
- *Astilbe*-Arendsii-Hybriden, Garten-Astilbe, 80 cm, VII–IX.
- *Astilbe*-Thunbergii-Hybriden, Wald-Astilbe, 100 cm, VII–VIII.
- *Astilbe*-Japonica-Hybriden, Japan-Astilbe, 50 cm, VI–VII.
- *Astilbe chinensis* var. *pumila,* Zwerg-Astilbe, 30 cm, VIII–IX, ausläuferbildend.

Astilbe-Arendsii-Hybride

Große Sterndolde
Astrantia major

BEZAUBERNDE BLÜTEN UND DEKORATIVES LAUB

 6–8   ↑ 50–60 cm

Wuchs: Horstbildend, aufrecht.
Blatt: Glänzend grün, handförmig gelappt.
Blüte: Silbrig-weiße, sternförmige Blüten in vielblumigen Dolden.
Standort: Frische bis feuchte, nährstoffreiche, nicht zu sonnige Standorte.
Pflege: Versamt sich reich und breitet sich dementsprechend aus. Falls Versamung unerwünscht ist, müssen die Blüten ausgeschnitten werden. Wenn die Sterndolden nach der Blüte verbräunen und unansehnlich werden, hilft ein Totalrückschnitt, nach dem sie willig wieder austreiben.
Verwendung: Für naturnahe Pflanzungen am Gehölzrand. Sehr wirkungsvoll in Kombination mit Wald-Geißbart *(Aruncus dioicus)*, Schleier-Frauenmantel *(Alchemilla mollis)*, Eisenhut *(Aconitum)*, Storchschnabel *(Geranium)* oder Kaukasusvergissmeinnicht *(Brunnera macrophylla)*. Schöne Schnittstaude.
Bewährte Sorte:
- 'Rosensinfonie', rosa, 60 cm.

Brunnera macrophylla

Bergenie
Bergenia-Hybriden

**WERTVOLLE
BLATTSCHMUCKSTAUDE**

 4–5   30–40 cm

Wuchs: Flach kriechender Wurzelstock, der sich mit den Jahren flächig ausbreitet.
Blatt: Rundlich bis herzförmig, ledrig, wintergrün, im Winter rötlich getönt.
Blüte: Dichte Trugdolden aus kleinen, rosaroten Einzelblüten in Rosa, Rot, und Weiß.
Standort: Anspruchslos, fast mit jedem Gartenboden und Standort zufrieden, auch sommertrockene Plätze unter Gehölzen werden toleriert.
Pflege: Äußerst genügsame und pflegeleichte Staude. Überalterte Bergenien können verjüngt werden, indem man die dicken Rhizome knapp über dem Boden zurückschneidet; sie regenerieren aus den unterirdischen Rhizomteilen.
Verwendung: Den größten Schmuckwert besitzt das ausdauernde derbe Laub. Als ganzjährig wirkende Blattschmuckstaude vielseitig einzusetzen, besonders wirkungsvoll im Kontrast zu mittel- und feinlaubigen Blattformen wie auch zu Schattengräsern und Farnen. Die Blätter sind als Beigrün in Sträußen sehr begehrt.
Bewährte Sorten:
• 'Admiral', rot, 40 cm.
• 'Abendglocken', karminrot, 40 cm.
• 'Morgenröte', rosa, 30 cm.

Bergenia-Hybride 'Silberlicht'

Kaukasusvergissmeinnicht
Brunnera macrophylla

**WIRKUNGSVOLLER
FRÜHLINGSBOTE**

 4–5   30–45 cm   ◐–◐

Wuchs: Horstig, breitet sich mit der Zeit flächig aus.
Blatt: Groß, herzförmig, rau.
Blüte: Lockere, reichblumige Blütenrispen aus kleinen, vergissmeinnichtblauen Einzelblüten.
Standort: Frische, lehmig-humose Gartenböden; halbschattig bis schattig, auch sonnige Standorte sind bei ausreichender Bodenfeuchtigkeit möglich.
Pflege: Das Kaukasusvergissmeinnicht kann jahrelang an seinem Platz verbleiben. Es versamt sich gern auf nicht zu trockenen Böden.
Verwendung: In naturnahen Pflanzungen als Begleiter für viele Frühlingsblüher wie Trollblume *(Trollius*-Hybriden), Golderdbeere *(Waldsteinia geoides)*, Immergrüner Elfenblume *(Epimedium pinnatum* ssp. *colchicum)*, Kleeblättrigem Schaumkraut *(Cardamine trifolia)*, Primeln *(Primula)*, Schmalblät-

Campanula lactiflora

trigem Lungenkraut *(Pulmonaria angustifolia)* und Schattengräsern wie der Japan-Segge *(Carex morrowii* 'Variegata').

Riesen-Glockenblume
Campanula lactiflora

REICHBLÜTIGE GLOCKENBLUME
IN DEZENTEN FARBEN

❀ 6–7 ↕ 50–150 cm ◐–◑

Wuchs: Aufrecht, verzweigt.
Blatt: Frischgrün, oval-lanzettlich.
Blüte: Breitglockige Blüten in Weiß, Rosa, Hellblau oder Zartviolett, in endständigen Blütenkuppeln, sehr reich blühend.

Standort: Nährstoffreiche, frische bis feuchte Böden, halbschattig, bei genügender Bodenfeuchtigkeit auch für sonnige Standorte geeignet.
Pflege: Gute Nährstoffversorgung und ausreichende Feuchtigkeit bilden die Voraussetzung für Blütenreichtum. Die Blütezeit verlängert sich, wenn die verblühten Rispen ausgeschnitten werden. Vor Schnecken schützen.
Verwendung: Auf halbschattigen Rabatten in Begleitung von Farnen, Gräsern, Wald-Geißbart *(Aruncus dioicus)*, Funkien *(Hosta-*Hybriden), Eisenhut *(Aconitum)*, Prachtspieren *(Astilbe-*Hybriden). Hervorragende Schnitteignung.
Bewährte Sorten:
• 'Loddon Anne', zart lilarosa, 100 cm.
• 'Prichard', amethystviolett, 80 cm.

Breitblättrige Glockenblume, Wald-Glockenblume
Campanula latifolia
var. *macrantha*

WIRKUNGSVOLLE, HOCH-
WÜCHSIGE GLOCKENBLUME

❀ 6–7 ↕ 80–120 cm ◑

Wuchs: Breit horstig, aufrecht.

Blatt: Stumpfgrün, breit-oval, zugespitzt, behaart.
Blüte: Aufrechte Blütenstiele, die bis zur Spitze mit großen Glockenblüten besetzt sind, violettblau oder weiß blühend.
Standort: Frische humose, nährstoffreiche Böden auf halbschattigen Plätzen.
Pflege: Ausreichend düngen und bei Trockenheit wässern, Schneckenschutz.
Verwendung: In Gehölzlichtungen oder naturnahen Pflanzungen mit Geißbart *(Aruncus dioicus)*, Silberkerzen *(Cimicifuga)*, Funkien *(Hosta-*Hybriden), Purpur-Fingerhut *(Digitalis purpurea)* sowie Gräsern und Farnen.
Bewährte Sorte:
• 'Alba', weiß, 100 cm.

Pfirsichblättrige Glockenblume
Campanula persicifolia

PRÄCHTIGE WILDSTAUDE
FÜR NATURNAHE PFLANZUNGEN

❀ 6–7 ↕ 60–100 cm ○–◐

Wuchs: Dichte Horste, die sich durch kurze Ausläufer ausbreiten.
Blatt: Glänzend grün, schmalblättrig.
Blüte: Breite, schalenförmige Glockenblüten auf hohen verzweigten Stielen, in Zartblau oder Weiß.

Standort: Humoser, frischer Boden, der durchlässig sein sollte. Halbschattig, bei ausreichender Bodenfeuchtigkeit wird auch volle Sonne vertragen.
Pflege: Blütenstiele nach der Blüte ausschneiden, bei Trockenheit wässern.
Verwendung: Im Vordergrund von halbschattigen Beeten, in Gehölzlichtungen, naturnahen Pflanzungen mit Funkien (*Hosta*-Hybriden), Schleier-Frauenmantel (*Alchemilla mollis*), Bergenien (*Bergenia*-Hybriden), Prachtspieren (*Astilbe*-Hybriden), Gräsern. Schmuckvoller

Campanula persicifolia

Rosenbegleiter. Reizvolle Schnittblume.
Bewährte Sorten:
• 'Grandiflora Alba', weiß, 80 cm.
• 'Grandiflora Coerulea', hellblau, 80 cm.

Kleeblättriges Schaumkraut
Cardamine trifolia

HÜBSCHER BODENDECKER

 5–6   10–20 cm

Wuchs: Flächig, geschlossene Blattteppiche bildend.
Blatt: Dunkelgrün, wintergrün, dreizählig, kleeähnlich, daher der Name.
Blüte: Zarte Blütenschleier aus kleinen weißen Blüten, die kurzzeitig das dunkelgrüne Blattwerk überziehen.
Standort: Frische bis feuchte, humose und nährstoffreiche Böden an halbschattigen Plätzen.
Pflege: Absolut pflegeleicht; die wintergrüne Belaubung ist etwas empfindlich gegen schwer verrottbares Falllaub, daher Laub vorsichtig entfernen.
Verwendung: Idealer Bodendecker für kleine Flächen oder im Vordergrund von Beeten. Da konkurrenzschwach, nicht mit wuchernden Partnern zusam-

Cardamine trifolia

menpflanzen. Geeignete Begleiter sind die Immergrüne Elfenblume (*Epimedium pinnatum* ssp. *colchicum*), die Hohe Schlüsselblume (*Primula elatior*), Schmalblättriges Lungenkraut (*Pulmonaria angustifolia*), Farne und Schattengräser wie die Japan-Segge (*Carex morrowii* 'Variegata').

Chinesische Bleiwurz
Ceratostigma plumbaginoides

BODENDECKER MIT
ENZIANBLAUEN BLÜTEN

 8–10    20–30 cm

Wuchs: Geschlossene Teppiche aus kriechenden Trieben, flächendeckend.
Blatt: Frischgrün, oval, spät austreibend, rötliche Herbstfärbung.

Die Blütezeit der Silberkerzen läßt sich durch geschickte Artenwahl bis in den Herbst hinein verlängern. Dazu empfehlen sich:

- *Cimicifuga ramosa,* September-Silberkerze, 180 cm, 9–10.
- *Cimicifuga simplex,* Oktober-Silberkerze, 150 cm, 9–10.

Blüte: Enzianblaue Blüten, die einen wunderschönen Kontrast zu den herbstgefärbten Blättern bilden, lange Blütezeit.

Standort: Mäßig trockene, kalkhaltige und durchlässige Böden, sonnig bis halbschattig.

Pflege: Kommt erst im Folgejahr der Pflanzung zur vollen Entfaltung, dann absolut pflegeleicht.

Verwendung: Unterpflanzung von Gehölzgruppen, verkraftet auch Wurzelfilz bei ausreichender Humus- und Nährstoffversorgung. Flächig oder in größeren Gruppen verwenden. Sehr guter Bodendecker, konkurrenz-

Ceratostigma plumbaginoides

stark, daher nur neben ähnlich wüchsigen Nachbarn verwenden. Empfehlenswerte Partner sind Bergenien *(Bergenia-*Hybriden), Blauroter Steinsame *(Lithospermum purpurocaeruleum)* und Blut-Storchschnabel *(Geranium sanguineum).*

Juli-Silberkerze
Cimicifuga racemosa

ELEGANTE STAUDE FÜR DEN SCHATTENGARTEN

 7–9   120–200 cm

Wuchs: Horstig, aufrecht.

Blatt: Frischgrün, gefiedert, goldene Herbstfärbung.

Blüte: Cremeweiße, aufrechte Blütenkerzen.

Standort: Feuchte, humose Böden, halbschattig, bei ausreichender Bodenfeuchtigkeit auch an sonnigen Standorten.

Pflege: Silberkerzen entwickeln sich langsam, ihre volle Schönheit zeigen sie erst nach einigen Jahren, sie sind sehr ausdauernd und langlebig und können jahrzehntelang an einem Platz bleiben, wenn sie nicht von starkwüchsigen Partnern bedrängt werden. Bei Trockenheit wässern.

Verwendung: Ausdrucksvolle Bereicherung für schattige Be-

Cimicifuga simplex 'White Pearl'

reiche. Einzeln oder in kleinen Gruppen zwischen Schatten- und Halbschattenstauden wie Immergrüner Elfenblume *(Epimedium pinnatum* ssp. *colchicum)*, Schaublatt *(Rodgersia)*, Eisenhut *(Aconitum)*, Prachtspieren *(Astilbe-*Hybriden), Herbst-Anemonen *(Anemone-*Japonica-Hybriden), Farne und Gräser pflanzen.

Tränendes Herz, Herzblume
Dicentra spectabilis

AUSDRUCKSVOLLE BAUERNGARTENSTAUDE

 5–6   60–80 cm

Wuchs: Breitwüchsig, horstig, schwungvoll gebogene Triebe.

Blatt: Blaugrüne gefiederte Blätter, die nach der Blüte vergilben.
Blüte: Herzförmige, rosafarbene Blüten mit weißer »Träne«.
Standort: Humusreiche, ausreichend frische Böden, die gut durchlässig sein sollten; halbschattig, bei ausreichender Bodenfeuchtigkeit auch für sonnige Standorte geeignet.
Pflege: Tränende Herzen können sehr alt werden, ohne dass man sie verpflanzen muss. Mit den Jahren werden sie immer schöner.
Verwendung: Zu beachten ist, dass die Blätter nach der Blüte vergilben und die ganze Pflanze einzieht, es entstehen Lücken. Deshalb nur einzeln oder in kleinen Gruppen verwenden. Reiz-

Dicentra spectabilis

volle Schnittblume mit elegant gebogenen Blütentrieben.
Bewährte Sorte:
• 'Alba', weiß, 70 cm.

Purpur-Fingerhut
Digitalis purpurea

HEIMISCHE WILDSTAUDE
FÜR DEN GEHÖLZRAND

🌼 6–7 ⬆ 100–150 cm

Wuchs: Grundständige Rosetten mit straff aufrechten Blütentrieben. Kurzlebig, oft nur zweijährig.
Blatt: Graufilzig, lanzettlich, wintergrün.
Blüte: Aufrechte Blütenstiele, die mit rosa bis purpurosa Blütenglocken besetzt sind.

Standort: Anspruchslos, humose, nicht zu feuchte Standorte.
Pflege: Durch Ausschneiden der Blütentriebe kann die Lebensdauer verlängert werden. An zusagenden Stellen erhält sich Fingerhut durch reichliche Versamung.
Verwendung: Unter lichten Gehölzen, am Gehölzrand, zur Auflockerung in Schattenpflanzungen.
Hinweis: Alle Pflanzenteile sind stark giftig!

Immergrüne Elfenblume
Epimedium pinnatum
ssp. *colchicum*

WERTVOLLE SCHATTENPFLANZE
MIT GANZJÄHRIGER WIRKUNG

🌼 4–5 ⬆ 20–30 cm

Wuchs: Durch Ausläuferbildung flächendeckend.
Blatt: Glänzend grün, herzförmig, wintergrün, oft immergrün; das Winterlaub ist auffällig bronzefarben gefärbt.
Blüte: Zierliche, gespornte gelbe Blüten in lockeren Rispen.
Standort: Frische bis feuchte humose, durchlässige Böden an halbschattigen bis schattigen Plätzen. Sommerwärme und Trockenheit wird vertragen.

Pflege: Langlebig und anspruchslos. Nach schneearmen strengen Wintern können die immergrünen Blätter erfrieren und absterben, sodass sie unschön aussehen. Dann die Blätter im Frühjahr zurückschneiden.

Verwendung: Attraktiver Bodendecker für die Unterpflanzung von Gehölzen. Nie einzeln, sondern flächig verwenden; diese Elfenblume ist auch im Wurzelfilz von Gehölzen einsetzbar. Verträgliche Nachbarn sind Golderdbeere *(Waldsteinia geoides)*, Anemone *(Anemone apennina)*, Nieswurz *(Helleborus*-Hybriden), Salomonssiegel *(Polygonatum*-Hybriden), Kleines Immergrün *(Vinca*

Epimedium pinnatum ssp. *colchicum*

minor), Funkien *(Hosta*-Hybriden), Gräser und Farne.
Bewährte sommergrüne Arten und Sorten:
• *Epimedium grandiflorum*, weiß, 25 cm.
• *Epimedium × perralchicum* 'Frohnleiten', leuchtend gelb, 35 cm.
• *Epimedium × rubrum*, rotgelb, 20 cm.
• *Epimedium × versicolor* 'Sulphureum', schwefelgelb, 30 cm.

Pyrenäen-Storchschnabel
Geranium endressii

GUTER BODENDECKER
IM GEHÖLZBEREICH

 6–8   30–50 cm

Wuchs: Flächig, niederliegende Triebe, sehr wüchsig.
Blatt: Frischgrün, handförmig geteilt.
Blüte: Rosa, becherförmig, den ganzen Sommer reich blühend.
Standort: Frische bis feuchte, nährstoff- und humusreiche Böden, sonnige bis halbschattige Plätze; verträgt Wurzeldruck und Trockenheit unter Gehölzen.
Pflege: Nach der Blüte zurückschneiden, der Neuaustrieb bleibt bis in den Winter hinein ansehnlich.

Verwendung: Zur Unterpflanzung von Gehölzen. Guter Bodendecker, auch für wiesenartige Pflanzungen mit Schleier-Frauenmantel *(Alchemilla mollis)* und anderen Storchschnabel-Arten wie Wald-Storchschnabel *(Geranium sylvaticum)*, Schwarzäugiger Storchschnabel *(Geranium psilostemon)* und Wiesen-Storchschnabel *(Geranium pratense)*. Nur mit konkurrenzstarken Nachbarn verwenden.
Verwandte Arten/Sorten:
• *Geranium psilostemon*, Schwarzäugiger Storchschnabel, intensiv magentarot mit schwarzem Auge, 100 cm.
• *Geranium pratense* 'Mrs. Kendall Clark', Wiesen-Storchschnabel, blauviolett, 60 cm.

Blut-Storchschnabel
Geranium sanguineum

WERTVOLLER BODENDECKER

 5–8   30 cm

Wuchs: Breite Teppiche bildend.
Blatt: Dunkelgrün, tief gelappt und geschlitzt, rote Herbstfärbung.
Blüte: Intensiv karminrote Schalenblüten, Dauerblüher.
Standort: Trockene bis frische, kalkhaltige Böden, sonnig bis halbschattig.

Pflege: Sehr dauerhaft und pflegeleicht.

Verwendung: Bodendecker vor und unter Gehölzen, für trockene Gartenplätze, Gehölzränder. Ein schöner Kontrast entsteht mit Steinsame *(Lithospermum purpurocaeruleum)*, der gleichzeitig blüht.

Bewährte Sorten:
- 'Album', weiß, 30 cm.
- 'Elsbeth', karminrot, 40 cm.

Wald-Storchschnabel
Geranium sylvaticum

HEIMISCHE WILDSTAUDE

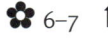 6–7   50–60 cm

Wuchs: Horstartig, locker aufrecht.

Blatt: Gelappt, tief eingeschnitten.

Geranium sanguineum

Blüte: Hellblau, schalenförmig, reichblütige Blütendolden.

Standort: Frische bis feuchte, nährstoff- und humusreiche Böden, sonnig bis halbschattig.

Pflege: Totalrückschnitt nach der Blüte fördert kräftigen Neuaustrieb.

Verwendung: Für wiesenartige Pflanzungen (wie *Geranium endressii*), in naturnahen Gärten.

Bewährte Sorten:
- 'Album', weiß, 60 cm.
- 'Mayflower', blauviolett mit weißer Mitte, 60 cm.

Nieswurz
Helleborus-Hybriden

AUSSERGEWÖHNLICHER FRÜHLINGSBLÜHER

 3–4   30–40 cm

Wuchs: Horstig, ausdauernd.

Blatt: Dunkelgrün, handförmig geteilt, wintergrün.

Blüte: Schalenförmige Blüten, leicht nickend; die Blütenfarbe variiert zwischen Cremeweiß, Rosa und Purpurrot, z.T. auch auffällig gezeichnet oder gepunktet.

Standort: Durchlässige, lehm- und kalkhaltige Böden, auch auf schweren Lehmböden; halbschattige Plätze. Sommertro-

Geranium sylvaticum 'Album'

ckenheit unter Gehölzen wird gut vertragen.

Pflege: Die wintergrünen Blätter erst nach dem Winter zurückschneiden, den Winter über schützen sie die Blütenknospen vor Frost. Die Nieswurzblätter werden häufig von Blattfleckenkrankheiten befallen, die man an bräunlichen Flecken auf der Oberseite der Blätter erkennt. Die Ausbreitung des Pilzes wird durch den Rückschnitt der Blätter im Frühjahr ausreichend eingeschränkt. Behandlungen mit Pflanzenschutzmitteln sind nicht notwendig. An zusagenden Standorten erfolgt Selbstaussaat.

Verwendung: Immer in Anbindung an Gehölze verwenden.

Hosta fortunei 'Obscura'

Gut als Unterpflanzung von sommergrünen Gehölzen. Mosaikartig gepflanzt, ergeben sich aus Kleinblättrigem Immergrün *(Vinca minor)*, Salomonssiegel *(Polygonatum*-Hybriden), Herbst-Anemonen *(Anemone-*Japonica-Hybriden), Immergrüner Elfenblume *(Epimedium pinnatum* ssp. *colchicum)*, Schmalblättrigem Lungenkraut *(Pulmonaria angustifolia)* sowie Gräsern und Farnen schöne Schattenpflanzungen und dauerhafte, pflegeleichte Pflanzgemeinschaften.

Hinweis: Die gesamte Pflanze ist giftig!

Helleborus-Hybride

Herzlilie, Funkie
Hosta-Arten und -Hybriden

DEKORATIVE BLATTSCHMUCK-STAUDE

🌼 6–8 ↑ 20–120 cm ◑–●

Wuchs: Horstig, langsamwüchsig.
Blatt: Sehr vielgestaltig hinsichtlich Blattgröße, -form und -farbe, mit auffälligen Blattnerven; spät austreibend. Viele Sorten zeigen eine attraktive goldgelbe Herbstfärbung. Entsprechend der Blattfarbe unterteilt man die Funkien in Grünblatt-, Blaublatt-, Gelbblatt- und Weißblatt-Funkien.
Blüte: Glockige Blüten in langen Trauben, weiße bis violettblaue Blütenfarben.

Standort: Frische humose, nährstoffreiche Böden, halbschattig bis schattig.
Pflege: Absolut pflegeleicht, leichte organische Düngung ist ausreichend. Wichtigste Pflegemaßnahme ist die Schneckenabwehr.
Verwendung: An Gehölzrändern, unter lichten Baumgruppen, auf schattigen Beeten, am Teichrand. Kontrastreich in Kombination mit mittel- und feinlaubigen Stauden, Gräsern und Farnen. Schöne Partnerpflanzen sind auch blühende Halbschatten- und Schattenstauden wie Eisenhut *(Aconitum)*, Prachtspiere *(Astilbe-*Hybriden), Silberkerze *(Cimicifuga)* oder Wald-Schaumblüte *(Tiarella cordifolia)*.

Kreuzkraut, Ligularie
Ligularia przewalskii

EINDRUCKSVOLLE
SOLITÄRSTAUDE FÜR DEN
FEUCHTEN GARTEN

 7–8   150 cm   ◑

Wuchs: Aufrechte Horste.
Blatt: Frischgrün, geschlitzt
fingerförmig, schöner Blattschmuck.
Blüte: Schlanke, kerzenartige,
gelbe Blütenstände.
Standort: Feuchte bis nasse,
nährstoff- und humusreiche
Böden, halbschattige Plätze.
Pflege: Regelmäßig düngen und
für ausreichend Bodenfeuchtigkeit sorgen. Mulchen, um Bo-

Ligularia przewalskii

denfeuchtigkeit zu wahren.
Schutz vor Schnecken.
Verwendung: Attraktiv vor dun-
klem Hintergrund. Gut zu kom-
binieren mit Wald-Geißbart
(Aruncus dioicus), Eisenhut
(Aconitum), Langblättrigem Ker-
zen-Ehrenpreis *(Veronica longi-
folia)*, Taglilien *(Hemerocallis)*,
Schleier-Frauenmantel *(Alche-
milla mollis)* sehr schön am
Teichrand oder Bachlauf.

Blauroter Steinsame
*Lithospermum purpurocaeru-
leum* (Syn.: *Buglossoides
purpurocaerulea*)

ENZIANBLAU BLÜHENDER
BODENDECKER FÜR TROCKENE
GEHÖLZRÄNDER

 5–6   20–30 cm   ○–◑

Wuchs: Bodendeckend, dichte
Teppiche aus langen, niederlie-
genden Trieben, die Wurzeln
schlagen.
Blatt: Graugrün, lanzettlich,
rauhaarig.
Blüte: Im Aufblühen purpurfarben, während der Vollblüte
leuchtend enzianblau. Die
Samen sehen aus wie Steine,
daher der Name.
Standort: Bevorzugt trockene,
nährstoffreiche, kalkhaltige Böden und halbschattige Plätze.

Pflege: Äußerst dankbar und
anspruchslos.
Verwendung: Wertvoll für die
Unterpflanzung von Gehölzen,
da der Steinsame deren Wurzeldruck gut verträgt, ideal auch
für trockene Gehölzränder.
Immer in größeren Gruppen
pflanzen. Nur mit konkurrenzstarken Partnern kombinieren,
sonst werden diese schnell
überwuchert.
Farblich spannend im Kontrast
zum leuchtenden Karminrot
des Blut-Storchschnabels *(Geranium sanguineum)*.

Gold-Felberich
Lysimachia punctata

GENÜGSAMER DAUERBLÜHER MIT
STARKEM AUSBREITUNGSDRANG

 6–8   80–100 cm   ○–◑

Wuchs: Aufrecht, breitet sich
durch unterirdische Ausläufer
stark aus, wuchernd.
Blatt: Frischgrün, spitz-eiförmig,
behaart.
Blüte: Aufrechte Blütentriebe,
die dicht mit gelben sternförmigen Blüten besetzt sind.
Standort: Humose, nährstoffreiche, nicht zu trockene Gartenböden.
Pflege: Absolut pflegeleicht,
langlebig.

Verwendung: Großflächige Pflanzungen vor und unter Gehölzen, Uferbepflanzung, am Teichrand, als Farbtupfer im Naturgarten, zum Verwildern.

Gedenkemein
Omphalodes verna

HIMMELBLAUER
FRÜHLINGSBLÜHER

 3–5   ↑ 15–20 cm   ◑

Wuchs: Dichte Teppiche bildend, verbreitet sich durch Ausläufer.
Blatt: Länglich-eiförmig, lang gestielt.
Blüte: Kleine himmelblaue Blüten, die an Vergissmeinnicht erinnern.

Lysimachia punctata

Standort: Humoser, frischer Boden.
Pflege: Sehr pflegeleicht und ausdauernd.
Verwendung: Guter Bodendecker für halbschattige Plätze, ideal zur Unterpflanzung von Gehölzen. Verwildert an zusagenden Stellen, bringt schwachwüchsige Partner in Bedrängnis. Ansprechende Frühlingsbilder entstehen zusammen mit Wald-Schaumblüte *(Tiarella cordifolia)*, Immergrüner Elfenblume *(Epimedium pinnatum* ssp. *colchicum)*, Golderdbeere *(Waldsteinia geoides)* und Kaukasusvergissmeinnicht *(Brunnera macrophylla)*.

Salomonssiegel
Polygonatum-Hybride
'Weihenstephan'

SCHMÜCKENDE SCHATTENSTAUDE

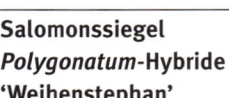 5–6   ↑ 80–100 cm

Wuchs: Große Horste bildend, die sich über Rhizome ausbreiten. Elegant überhängende Triebe.
Blatt: Leuchtend grün, breit lanzettlich.
Blüte: Röhrenförmige, weiße Blüten, die in den Blattachseln sitzen. Im Spätsommer schmücken schwarzblaue Beeren die Triebe.

Polygonatum-Hybride 'Weihenstephan'

Standort: Tiefgründige, humusreiche, nicht zu trockene Böden.
Pflege: Die Pflanzen können lange an ihrem Pflanzort verweilen, sie verlangen außer Schneckenschutz kaum Pflege.
Verwendung: Als Auflockerung in flächigen Pflanzungen von Wald-Schaumblüte *(Tiarella cordifolia)*, Kleinblättrigem Immergrün *(Vinca minor)* oder Immergrüner Elfenblume *(Epimedium pinnatum* ssp. *colchicum)*, sodass der elegante Wuchs richtig zur Geltung kommt.
Hinweis: Die ganze Pflanze ist giftig!

Hohe Schlüsselblume
Primula elatior

BELIEBTER FRÜHLINGSBLÜHER

 3–4   20–30 cm

Wuchs: Blattrosetten mit aufrechten Blütenstielen, breitet sich durch Selbstaussaat aus.
Blatt: Frischgrün, eiförmig länglich, runzelig.
Blüte: Schwefelgelb, trichterförmige Einzelblüten in nickenden Blütendolden.
Standort: Frische bis feuchte, lehmig-humose Böden. Halbschattige Lagen werden bevorzugt, sonniger Stand nur bei feuchten Böden.
Pflege: Bei Trockenheit wässern, verwildern lassen, d.h. nicht stören!

Primula elatior

Verwendung: Zum Verwildern am Gehölzrand, auf feuchten Wiesen oder unter Gehölzen. Schöne Frühlingsbilder entstehen zusammen mit Kaukasusvergissmeinnicht *(Brunnera macrophylla)*, Schmalblättrigem Lungenkraut *(Pulmonaria angustifolia)* und Kleeblättrigem Schaumkraut *(Cardamine trifolia)*.

Weitere bewährte Arten:
• *Primula denticulata*, Kugel-Primel, kugeliger Blütenstand, weiß, karminrot, lila, 20 cm, III–IV.
• *Primula veris*, Echte Schlüsselblume, ähnlich *P. elatior*, aber mit 5 orangefarbenen Flecken auf den Blüten, zartgelb, duftend, für trockenere Gartenplätze, 20 cm, IV–V.
• *Primula vulgaris*, Kissen-Primel, grundständige Blüten in vielen Farben, 10 cm, II–IV.

Schmalblättriges Lungenkraut
Pulmonaria angustifolia 'Azurea'

BEZAUBERNDER FRÜHLINGS-BLÜHER MIT ENZIANBLAUEN BLÜTEN

 4–5   20–30 cm

Wuchs: Kriechende Wurzelstöcke, die dichte Blattteppiche bilden.

Pulmonaria angustifolia 'Blue Ensign'

Blatt: Stumpfgrün, lanzettlich, behaart.
Blüte: Trichterförmig, im Aufblühen zuerst purpurfarben, dann leuchtend enzianblau.
Standort: Frische, humose Böden auf halbschattigen bis schattigen Plätzen.
Pflege: Empfindlich gegenüber Sommertrockenheit. An trockenen Standorten tritt nach der Blüte häufig Echter Mehltau auf. Als vorbeugende Maßnahme empfiehlt sich ein Totalrückschnitt nach der Blüte. Lungenkräuter treiben willig wieder aus und bleiben den ganzen Sommer über gesund und ansehnlich.
Verwendung: In Kombination mit Immergrüner Elfenblume *(Epimedium pinnatum* ssp. *colchicum)*, Kaukasusvergissmeinnicht *(Brunnera macrophylla)*,

Golderdbeere *(Waldsteinia geoides)*, Gedenkemein *(Omphalodes verna)*, Hoher Schlüsselblume *(Primula elatior)* und Gräsern entstehen wunderschöne Frühlingsgärten.

Tipp: Auch von den verwandten Arten gibt es attraktive Sorten, die weiß, rosa, blau, violett oder ziegelrot blühen. Viele der Sorten sind phantastische Blattschmuckstauden, deren Blätter mit auffällig silbrigen Flecken verziert sind. Dazu zählen:

• *Pulmonaria longifolia* 'Blauer Hügel', leuchtend blau, schmalblättrig, 30 cm.

Rodgersia podophylla

• *Pulmonaria officinalis* 'Sissinghurst White', weiß, silbrig gefleckt, 30 cm.
• *Pulmonaria officinalis* 'Dora Bielefeld', rosa, silbrig gefleckt, 30 cm.
• *Pulmonaria rubra*, ziegelrot, wüchsig, 40 cm.

Bronze-Schaublatt
Rodgersia podophylla

DEKORATIVE BLATTSCHMUCK-STAUDE MIT GROSSEN, WIRKUNGSVOLLEN BLÄTTERN

 6–7 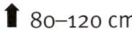 80–120 cm

Wuchs: Kräftige Horste.
Blatt: Dunkelgrün, handförmig geteilt, großblättrig – die Blätter haben bis zu 50 cm Durchmesser –, im Austrieb bronzefarben.
Blüte: Kleine, weiße Blüten in reich verzweigten Rispen.
Standort: Frische bis feuchte, humus- und nährstoffreiche Böden in halbschattigen Lagen.
Pflege: In trockenen Sommern wässern, ansonsten pflegearm, breitet sich nur langsam, aber stetig aus.
Verwendung: Imposante Blattschmuckstaude, die sich am besten als Einzelpflanze präsentiert. In Schattenpflanzungen zusammen mit Wald-Schaumblüte *(Tiarella cordifolia)*, Wald-

Geißbart *(Aruncus dioicus)*, Eisenhut *(Aconitum)*, Schattengräsern wie Wald-Marbel *(Luzula sylvatica)*, Japan-Segge *(Carex morrowii* 'Variegata') und Farnen.

Kaukasus-Beinwell
Symphytum grandiflorum

WÜCHSIGER BODENDECKER

 4–5 20–30 cm

Wuchs: Bildet geschlossene Blattteppiche, ausläuferbildend.
Blatt: Dunkelgrün, spitz-eiförmig, rauhaarig.
Blüte: Zartgelb, röhrenförmig, in endständigen Büscheln; Blüten kaum über dem Laub stehend.
Standort: Humusreiche, frische Böden im Halbschatten, bei ausreichender Feuchtigkeit auch in voller Sonne.
Pflege: Pflegearm, anspruchslos, robust.
Verwendung: Guter Bodendecker für naturnahe Pflanzungen am Gehölzrand, großflächig einsetzen. Nicht neben konkurrenzschwache Nachbarn pflanzen, da verdrängend, auch gegenüber Unkräutern. Farblich gut zu kombinieren mit Golderdbeere *(Waldsteinia geoides)*, Kaukasusvergissmeinnicht

Tiarella cordifolia

(Brunnera macrophylla), Gedenkemein *(Omphalodes verna)*, Wiesen-Iris *(Iris sibirica)*, Jakobsleiter *(Polemonium caeruleum)*, Garten-Trollblume *(Trollius*-Hybriden) und Gräsern.

Bewährte Sorten:
• 'Hidcote Blue', hellblau, 40 cm.
• 'Saphir', himmelblau, 40 cm.

Wald-Schaumblüte
Tiarella cordifolia

AUSGEZEICHNETER BODENDECKER

 9–10 160–200 cm –

Wuchs: Teppichartig, breitet sich durch kurze Ausläufer flächig aus.
Blatt: Frischgrün, gelappt, bronzefarbene Herbst- und Winterfärbung.

Blüte: Duftige, schaumartige Blütenrispen, die das Laub verschleiern.
Standort: Frische bis feuchte Böden, kümmert an trockenen Stellen.
Pflege: Pflegeleicht und ausdauernd, regelmäßiges Humusieren fördert die Wüchsigkeit.
Verwendung: Guter Bodendecker für Schattenpflanzungen, immer in größeren Gruppen pflanzen.

Golderdbeere
Waldsteinia geoides

ANSPRUCHSLOSER BODENDECKER FÜR DEN FRÜHLINGSGARTEN

4–5 15–25 cm

Wuchs: Horstiger Wuchs, kissenförmig wachsend.
Blatt: Frischgrün, rundlich, drei- bis fünflappig, erdbeerähnlich.
Blüte: Goldgelb, in lockeren Blütenständen über dem Laub stehend.
Standort: Frische, humose Böden in halbschattigen und schattigen Lagen.
Pflege: Pflegeleicht, robust.
Verwendung: Guter Bodendecker, lässt sich auch kleinflächig in artenreichen Pflanzungen verwenden, da nicht verdrängend. Schön sind mosaikartige Pflanzungen mit Nieswurz *(Helleborus-*Hybriden), Kaukasusvergissmeinnicht *(Brunnera macrophylla)*, Wald-Schaumblüte *(Tiarella cordifolia)*, Schmalblättrigem Lungenkraut *(Pulmonaria angustifolia)*, Beinwell *(Symphytum grandiflorum)* und Gräsern.

Ähnlich zu verwenden ist *Waldsteinia ternata,* die Kriechende Golderdbeere. Ein wertvoller wintergrüner Bodendecker, der durch Ausläuferbildung flache Teppiche bildet. Goldgelbe Blüten von April bis Mai, Ansprüche wie *W. geoides.*

Waldsteinia geoides

Die besten Gräser

Hinweis: Die Angabe für Laub- und Blütenhöhe erfolgt bei den Gräsern gesondert. Die erste Zahl steht für die Höhe der Blatthorste, die zweite für die Höhe der Blütenähren.

Garten-Sandrohr, Reitgras
Calamagrostis x *acutiflora*
'Karl Foerster'

AUSDRUCKSVOLLES GRAS

❀ 6–8   ⬆ 60/150 cm   ○

Wuchs: Straff aufrechte Horste, nicht wuchernd.

Calamagrostis x *acutiflora* 'Karl Foerster'

Blatt: Frischgrün, schmal linealisch, früh austreibend.
Blüte: Streng aufrechte Blütenrispen im Frühsommer, ockerfarben, bis in den Winter hinein schmückend.
Standort: Mäßig trockene bis frische, nährstoffreiche Böden, sonnig.
Pflege: Rückschnitt erst im Frühjahr.
Verwendung: Als Solitär oder in kleinen Gruppen, auf Rabatten, in naturnahen Pflanzungen, zu herbstfärbenden Beetstauden.
Bewährte Sorte:
• 'Overdam', sehr reizvolle Sorte mit weiß gerandeten Blättern, 50/130 cm, VII–VIII.

Weißbunte Japan-Segge
Carex morrowii **'Variegata'**

GANZJÄHRIG ATTRAKTIVE SEGGE

❀ 4–5   ⬆ 30–40 cm   –

Wuchs: Horstig.
Blatt: Glänzend dunkelgrün, heller Randstreifen, schmalblättrig, grasähnlich, immergrün.
Blüte: Gelbbraune Blütenähren.
Standort: Frische bis feuchte, humusreiche Böden, halbschattig bis schattig.
Pflege: Nach starken Frösten kann im Frühjahr ein Totalrückschnitt notwendig sein.

Carex morrowii 'Variegata'

Verwendung: In kleinen Gruppen oder einzeln verwenden, bevorzugt zur Gehölzunterpflanzung.
Weitere bewährte Arten:
• *Carex pendula*, Riesen-Segge, immergrün, breit linealisch, schönes Solitärgras, 60/80 cm, V–VI.
• *Carex plantaginea*, Breitblatt-Segge, immergrün, breitblättrig, schöne Blattschmuckstaude, 30 cm, V.

Pampasgras
Cortaderia selloana
'Sunningdale Silver'

ANSPRUCHSVOLLES SOLITÄRGRAS

❀ 9–11   ⬆ 90/250 cm   ○

Wuchs: Dicht horstig.

Luzula sylvatica

Blatt: Immergrün, sehr scharf-kantig, schmalblättrig, elegant überhängend.
Blüte: Silbrigweiße, große federartige Blütenrispen, die den Blattschopf weit überragen.
Standort: Frische, humose, durchlässige Böden, warme, sonnige Plätze. Das Pampasgras benötigt im Sommer möglichst viel Feuchtigkeit, im Winter dagegen eher trockenen Stand, da es sehr empfindlich gegen Winternässe ist.
Pflege: Vor Winterbeginn die Blätter schopfartig zusammenbinden und mit trockenem Laub

Cortaderia selloana 'Sunningdale Silver'

vor starkem Frost schützen. Im Frühjahr die Blätter kurz über dem Boden zurückschneiden. Pflanzung nur im Frühjahr.
Verwendung: Auffallendes Gras, das sehr wuchtig wird; benötigt viel Gartenraum.

Atlas-Schwingel
Festuca mairei

FRÜHBLÜHENDES SOLITÄRGRAS FÜR SONNIGE LAGEN

 6–7 50/120 cm ○

Wuchs: Horstig.
Blatt: Graugrün, linealisch, überhängend, scharf gesägt.
Blüte: Wenig verzweigte, schlanke gelbliche Rispen, breit ausladend. Die Rispen vertrocknen schnell, bleiben aber ansehnlich bis zum Winter.
Standort: Mäßig trockene bis frische, durchlässige Böden, sonnig warme Lagen.
Pflege: Rückschnitt erst im Frühjahr, gute Winterwirkung.
Verwendung: Einzeln oder in Gruppen, gut zu kombinieren mit trockenheitsverträglichen Beetstauden wie Kugeldisteln *(Echinops ritro)*, Gold-Garbe *(Achillea filipendulina)*, Brandkraut *(Phlomis russeliana)* und Sommer-Salbei *(Salvia nemorosa)*.

Wald-Marbel, Wald-Simse
Luzula sylvatica

ROBUSTES GRAS FÜR DEN SCHATTENGARTEN

 4–6 30/50 cm ◐–●

Wuchs: Breite Horste, ausläuferbildend, mit der Zeit flächendeckend.
Blatt: Dunkelgrün, Blattrand bewimpert, grasartig, wintergrün.
Blüte: Braune Blütenähren, reich verzweigt, unscheinbar.
Standort: Feuchte, lehmig-humose Böden, halbschattig bis schattig.
Pflege: Nach dem Winter zurückschneiden.
Verwendung: Unterpflanzung von Gehölzen, verträgt Wurzeldruck gut, mosaikartig oder kleinflächig einsetzen.

Chinaschilf
Miscanthus sinensis

EINDRUCKSVOLLE HORSTE MIT STATTLICHER GRÖSSE

✿ 9–10 ⬆ 80–120/ 100–220 cm ◯

Wuchs: Horstartig, aufrecht.
Blatt: Schilfartig, überhängende Blattspreiten, spät austreibend; viele Sorten zeigen eine spektakuläre Herbstfärbung.
Blüte: Federartige Rispen, die je nach Sorte silbrigweiß bis rötlichbraun gefärbt sind, die Blütenrispen sind auch den Winter über wirkungsvoll.

Miscanthus sinensis

Standort: Tiefgründige, nährstoffreiche, frische Böden, sonnig warme Plätze.
Pflege: Regelmäßig düngen, im zeitigen Frühjahr alle Halme bis auf den Boden zurückschneiden.
Verwendung: Dekorative Struktur- und Solitärpflanze, gut im Hintergrund von Rabatten. In Kultur befinden sich viele, sehr unterschiedliche Sorten:
Bewährte Sorten:
- 'Gracillimus', sehr schmalblättrig, selten blühend, 180 cm.
- 'Kleine Fontaine', schmalblättrig, sehr reichblütig, 90/150 cm.
- 'Malepartus', wunderschöne rotbraune Herbstfärbung, 170/200 cm.
- 'Silberfeder', silbrige Blüten, gelbe Herbstfärbung, 200/220 cm.
- 'Strictus', grüngelbe Querstreifen, selten blühend, 180 cm.

Riesen-Pfeifengras
Molinia arundinacea

WIRKUNGSVOLLES GRAS

✿ 8–10 ⬆ 70/220 cm ◯–◑

Wuchs: Horstig, straff aufrecht, kompakt, standfest.

Blatt: Frischgrün, schmal linealisch, elegant überhängend, goldgelbe Herbstfärbung.
Blüte: Schön verzweigte Rispen, bräunlich, im Herbst goldgelb.
Standort: Frische bis feuchte, nährstoffreiche Böden, sonnig bis halbschattig.
Pflege: Rückschnitt im Frühjahr.
Verwendung: Effektvolles Solitärgras für Rabatten, schön zu feuchtigkeitsliebenden Beetstauden wie Wiesen-Iris *(Iris sibirica)*, Garten-Trollblume *(Trollius*-Hybriden), Dreimasterblume *(Tradescantia*-Andersoniana-Hybriden) und Schleier-Frauenmantel *(Alchemilla mollis)*.
Bewährte Sorten:
- 'Transparent', feinrispige zierliche Blüten, überhängend, 70/180 cm.
- 'Windspiel', aufrecht, 50/150 cm.

Weitere Art: *Molinia caerulea*, das Moor-Pfeifengras, ist ein attraktives Gras für frische bis feuchte, humusreiche Böden im Halbschatten. Die Blütezeit liegt von VIII–X. Gute Sorten sind hier:
- 'Moorhexe', gelbe Herbstfärbung, 20/80 cm.
- 'Strahlenquelle', strahlenförmige Halmstellung, goldgelbe Herbstfärbung, 40/80 cm.
- 'Variegata', weißbunt, schöne Blattschmuckwirkung, 30/50 cm.

Panicum virgatum 'Hänse Herms'

Ruten-Hirse
Panicum virgatum

DEKORATIVE GRÄSER MIT
PRACHTVOLLER HERBSTFÄRBUNG

✿ 8–9   ↕ 120/170 cm   ○

Wuchs: Aufrecht, vielhalmiger Horst, starkwüchsig, standfest.
Blatt: Linealisch, auffällige braunrote Herbstfärbung.
Blüte: Lockere bräunliche Blütenrispen.
Standort: Frische, nährstoffreiche Böden in sonnig warmer Lage.
Pflege: Rückschnitt erst im Frühjahr.

Verwendung: Auf Staudenrabatten, die genannten herbstfärbenden Sorten harmonieren sehr gut mit den zeitgleich blühenden Kissen-Astern *(Aster-*Dumosus-Hybriden) und anderen Herbstblühern.
Bewährte Sorten:
• 'Hänse Herms', braunrote Herbstfärbung, 80/100 cm.
• 'Rotbraun', kupferfarbene Herbstfärbung, 80/90 cm.
• 'Strictum', aufrecht, 120/140 cm.

Lampenputzergras,
Federborstengras
Pennisetum alopecuroides

REICH BLÜHENDES SCHMUCKGRAS
MIT HOHEM ZIERWERT

✿ 8–10   ↕ 50/80 cm   ○

Wuchs: Dichte Horste, kompakt, halbkugelförmig.
Blatt: Frischgrün, schmal linealisch, elegant überhängend.
Blüte: Flaumige, rotbraune Blütenähren, die an Lampenputzer erinnern; reizvoller Schmuckwert bis in den Winter hinein.
Standort: Mäßig trockene bis frische, durchlässige Böden, nährstoffreich, sonnig warme Lagen.
Pflege: Dankbar für ausreichende Nährstoffversorgung und

Wasser in Trockenzeiten, besonders im Frühsommer. Wenn die Blühfreudigkeit nach einigen Jahren Standzeit nachläßt, sollte man die Horste teilen und neu einpflanzen.
Verwendung: Herbstlicher Blickfang im Staudenbeet, schön in Pflanzungen mit *Phlomis russeliana, Achillea filipendulina, Salvia nemorosa* oder herbstblühenden Stauden wie *Aster laevis* oder *Aster novi-belgii*.
Bewährte Sorte:
• 'Hameln', kompakt, niedrige Horste, sehr reich blühend, 30/50 cm.

Pennisetum alopecuroides 'Herbstzauber'

Stauden verwenden und kombinieren

Die große Fülle an Stauden bietet unendlich viele Kombinationsmöglichkeiten in der Verwendung. Durch diese Vielfalt können
Staudenpflanzungen mit unterschiedlichsten Erscheinungsbildern
entstehen.

Gehölze setzen den Rahmen eines Gartens, schaffen Struktur und gliedern Räume. Zur Vollendung des Gartens bedarf es dann noch der Stauden, die dem Garten Atmosphäre verleihen. Stauden sind aus der Gartengestaltung nicht mehr wegzudenken, da sie ein reiches gestalterisches Potential bieten wie keine andere Pflanzengruppe. Gelungene Pflanzungen entstehen, wenn sämtliche Eigenschaften der Pflanze in die Komposition mit einbezogen werden. Hierzu gehören die Blütenfarbe und -form, die Form und Färbung der Blätter und die Wuchsform der Pflanze. Neben der gestalterischen Komponente darf man natürlich die Standortgegebenheiten nicht außer Acht lassen.
Eine gelungene Staudenpflanzung anzulegen und auch über mehrere Jahre hinweg zu erhalten, setzt gute Kenntnisse der Eigenheiten der Stauden, und

auch einiges an gärtnerischer Erfahrung voraus. Die in Gartenzeitschriften gezeigten, prächtigen Rabatten und Borders (= Staudenpflanzungen im englischen Stil) sind das Ergebnis jahrelanger Arbeit und Erfahrung und für Anfänger kaum nachzuvollziehen. Befolgt man jedoch einige grundsätzliche Regeln, so kann auch auf Anhieb eine gelungene Pflanzung entstehen.

Die wichtigsten Gestaltungsregeln

Bei der Planung einer Staudenpflanzung müssen zahlreiche Einzelaspekte berücksichtigt und zusammengefügt werden, bevor eine ansprechende Pflanzung entsteht. Hier daher als Hilfestellung einige grundlegende Gestaltungsregeln, die die Planung erleichtern:

Höhenstaffelung

In einer klassischen Staudenrabatte werden Stauden nach

Ein harmonisches Staudenbeet in der klassischen Kombination aus Weiß, Gelb und Blau.

ihrer Höhe gestaffelt gepflanzt. Dementsprechend pflanzt man die höchsten Stauden in den Hintergrund, die niedrigen Stauden schließen im Vordergrund an den Rasen oder Weg an. Besonders wirkungsvoll ist diese Pflanzweise, wenn sich die Pflanzung im Hintergrund an Sträucher, eine Hecke, einen Zaun oder eine Hauswand »anlehnen« kann.
Ähnlich verfährt man bei Beeten, die von allen Seiten betrachtet werden können. Hier pflanzt man die höchsten Stauden in die Mitte und die niedrigeren an den Rand. Vorteilhaft ist an dieser Pflanzweise, dass alle Pflanzen im Blickpunkt stehen und keine Staude verdeckt

◀ Ein Märchen aus Duft und Blüten – wie ein Traum begleiten Stauden und Rosen diesen Gartenweg in zarten Pastellfarben.

wird. Optimal ist dies auch für den Lichtgenuss der Pflanzen, die sich dadurch gut verzweigen, kompakt bleiben und reich blühen.

Natürlich sollte diese Staffelung nicht zu exakt ausfallen. Ansprechender ist die Höhenstaffelung, wenn die gleichhohen Pflanzen nicht alle in einer geraden Linie gepflanzt werden, sondern etwas springen. Die Rabatte wirkt dadurch viel natürlicher. Eine Staffelung ist auch bei Gehölzrand- und Schattenpflanzungen wirkungsvoll, da die unterschiedlichen Blattformen so schön in Szene gesetzt werden.

Eine gelungene Höhenstaffelung, die jede einzelne Staude ins rechte Licht setzt.

Eine gute Hilfestellung leistet ein Pflanzplan. Fertigen Sie eine maßstabsgerechte Skizze des Beetes und zeichnen Sie alle vorhandenen Pflanzenarten ein. Wählen Sie als Perspektive stets die Aufsicht. Hilfreich ist außerdem eine Sammelliste, auf der man alle Ideen zusammenträgt. Markieren Sie ein Quadratmeter-Raster mit Sand auf der pflanzfertigen Fläche. Hierdurch vereinfacht sich das Einhalten der geplanten Pflanzabstände ganz erheblich. Außerdem lassen sich dadurch vorgegebene Pflanzpläne besser auf die tatsächliche Gartensituation übertragen.

Aufbau einer Pflanzung

Aufgrund der unterschiedlichen Wuchshöhen lassen sich die Stauden in einer Art Rangordnung gruppieren, was die Pflanzung erleichtert. Die höchste Rangstufe nehmen die **Solitärstauden** ein. Sie beeindrucken durch ihre Größe und ihr imposantes Erscheinungsbild. Ein Beispiel dafür ist das Chinaschilf *(Miscanthus sinensis)* mit seiner eleganten Wuchsform, der Purpurdost *(Eupatorium purpureum)* und der Fallschirm-Sonnenhut *(Rudbeckia nitida)*. Zur vollen Entfaltung brauchen Solitärstauden viel Platz, sodass sie in der Regel einzeln verwendet werden. Besonders wichtig sind in einer Pflanzung die **Leitstauden.** Als Leitstauden fungieren dominierende Arten,

die das Gerüst einer Pflanzung bilden und die optische Wirkung des Beetes stark beeinflußen. Kennzeichnend ist eine ausgeprägte Gestalt und anhaltende Attraktivität, etwa durch eine lange Blütezeit. Leitstauden sind beispielsweise Garten-Rittersporne *(Delphinium*-Hybriden), Ligularien *(Ligularia*-Hybriden) oder Sonnenbraut *(Helenium*-Hybriden).

Umrahmt werden die Leitstauden von den sogenannten **Begleitstauden.** Diese sind den Leitstauden untergeordnet. Sie sollen die Wirkung der Leitstauden ergänzen. Von der Größe her sollten sie deutlich kleiner sein als die Leitstauden. Die Begleitstauden werden in Blütenform und -farbe, Blütezeit und Wuchshöhe auf die Leitstauden abgestimmt.

Zuletzt fügt man bei der Pflanzung die **Füllpflanzen** ein. Wie der Name schon sagt, werden alle verbleibenden Löcher in der Pflanzung mit diesen Füllpflanzen geschlossen. Als Füllpflanzen eignen sich etwa Gräser oder auch weiß blühende Stauden wie die Kron-Lichtnelke *(Lychnis coronaria* 'Alba'), die locker in die Pflanzung eingestreut werden.

Gruppierung

Damit Beetstaudenpflanzungen als Einheit wahrgenommen wer-

Durch geschickte Kombination von Stauden mit unterschiedlichen Blattgrößen, -farben und -formen entstehen wirkungsvolle Pflanzungen, die auch ohne Blüten zieren.

Leitstauden wie die Edel-Pfingstrosen *(Paeonia*-Lactiflora-Hybriden) ziehen alle Blicke auf sich.

den, sollte man Stauden einer Art in Gruppen pflanzen und wiederholen. Je höher die Stauden sind, desto kleiner sollten die Gruppen sein. Hochwüchsige Stauden werden in Dreier- bis Fünfer-Gruppen gesetzt. Kleinere Stauden werden zu fünft, siebt und mehr verwendet, sodass sie unregelmäßige Gruppen bilden. Die Gruppen werden in rhythmischer Folge wiederholt. Wichtig ist, dass man die Abstände zwischen den Gruppenwiederholungen und den Pflanzen selbst variiert, damit die Pflanzung natürlich und nicht zu schematisch wirkt.

Blattformen und Blattfarben

Ähnlich wie Blüten durch ihre Form und Farbe bestechen, können auch Blätter mit ihren vielseitigen Formen und Farben zieren. Spannungsvolle Kontraste entstehen, wenn unterschiedliche Blattgrößen und -formen kombiniert werden. Ein Effekt, der sich noch steigern läßt, wenn man zusätzlich auch noch die unterschiedlichen Grüntöne der Blätter berücksichtigt. Mittlerweile gibt es auch eine Vielzahl von Sorten, die mit panaschierten, also bunten,

Blattkontraste sind in schattigen Bereichen besonders wichtig, da nach dem Frühsommer nur noch wenige Stauden zum Blühen kommen. Aber auch Beetstaudenpflanzungen können besonders in den Blühpausen lebhafter wirken, wenn man die Blattschmuckwirkung in die Auswahl der Arten integriert.

roten oder gelben Blättern schmücken. Häufig sind solche Sorten bei den Funkien *(Hosta)* und den Purpurglöckchen *(Heuchera)*.

Das kontrastreiche Zusammenspiel von grasartigem Laub mit filigranen Farn- und derben Bergenienblättern erzeugt Spannung.

Planung eines Staudenbeetes

Bevor Sie mit der Planung des Beetes beginnen, müssen Sie sich entscheiden, an welcher Stelle Sie Stauden pflanzen möchten. Verschaffen Sie sich zuerst Klarheit über die Standortfaktoren. Hierzu gehören die Lichtbedingungen, also Licht und Schatten im Laufe des Tages, die Bodenbeschaffenheit und die Wasseraufnahmefähigkeit des Bodens. Beachten Sie, dass Sie nur Stauden auswählen sollten, die mit diesen Standortvoraussetzungen auch zurecht kommen. Andernfalls müssen Sie mit erhöhtem Pflegeaufwand rechnen. In die Planung sollten Sie auch den Rahmen des Gesamtgartens und bereits vorhandene Pflanzungen einbeziehen, damit sich am Ende alle Gartenbilder zu einem vollkommenen Gesamteindruck zusammensetzen. Hierzu gehören Überlegungen zur Farbgebung, dem Blütenverlauf, der Höhenstaffelung und dem Charakter der Pflanzung.

Die Auswahl der Stauden treffen Sie entsprechend der Rangordnung (siehe Seite 62). Zuerst wählen Sie die Solitär- und Leitstauden, dann die Begleitstauden und zuletzt die Füllpflanzen.

Bevor Sie nun jede einzelne Pflanzenart und Sorte in den Plan einfügen, sollten Sie diese noch einmal auf die Standortansprüche und die optischen Qualitäten überprüfen. Achten Sie auch auf die Umsetzung der Höhenstaffelung und die Gruppierung der Stauden. Eine farbi-

Pflanzenbedarf pro m²		
		Stückzahl/m²
Hohe Stauden	Garten-Rittersporn *(Delphinium*-Hybriden) Sonnenbraut *(Helenium*-Hybriden) Juli-Silberkerze *(Cimicifuga racemosa)* Wald-Geißbart *(Aruncus dioicus)*	1–3
Mittelhohe Stauden	Schleier-Frauenmantel *(Alchemilla mollis)* Große Sterndolde *(Astrantia major)* Pracht-Storchschnabel *(Geranium* x *magnificum)*	4–6
Niedrige Stauden	Wald-Schaumblüte *(Tiarella cordifolia)* Golderdbeere *(Waldsteinia geoides)* Immergrüne Elfenblume *(Epimedium pinnatum* ssp. *colchicum)*	7–9

Das gelb blühende Sonnenauge *(Heliopsis)* bildet zusammen mit Katzenminze *(Nepeta)* einen lebhaften Komplementärkontrast.

ge Ausgestaltung des Planes in den Farben der Blüten erhöht die Vorstellungskraft. Probleme bereiten häufig die Platzansprüche der Stauden. Ein schwieriges Kapitel, da die arteigene Ausbreitungskraft der Stauden von Standort- und Umweltverhältnissen beeinflusst wird und somit sehr verschieden ist. Daher sind absolute Zahlen nicht zu ermitteln. Als Richtwerte können die Faustzahlen auf Seite 64 dienen:

Farbgestaltung in Staudenpflanzungen

Farbe ist ein sehr wesentliches Gestaltungselement. Sie spielt eine maßgebliche Rolle, wenn es darum geht, eine bestimmte Stimmung im Garten zu erzeugen. Die Wirkung einer Farbe wird durch den **Farbton**, die **Farbsättigung** und die **Farbhelligkeit** bestimmt. Farben werden durch ihre Umgebung in ihrer Wirkung verändert. Sie können sich gegenseitig dämpfen oder steigern. Wie die verschiedenen Farben in Pflanzungen wirken, ist hier zusammengestellt:

- **Weiß** wirkt strahlend hell, elegant und edel. Weiß verstärkt und vertieft benachbarte Farben, es trennt kontrastierende Farbtöne, ohne die Farbwirkung zu verändern. Weiß harmoniert mit allen Farbtönen.
- **Gelb** wirkt heiter und strahlend, sanft erregend, warm und leuchtend. Gelb erregt Aufmerksamkeit.
- **Orange** wirkt warm, leuchtend, sonnig, kraftvoll und aufregend.
- **Rot** wirkt spannungsvoll, kraftvoll, lebhaft und weckt Aufmerksamkeit.

- **Rosa** wirkt dezent, beruhigend und aufhellend in schattigen Partien.
- **Blau** wirkt kühl, distanziert und streng.

Farbkontraste

Farbkontraste machen Pflanzungen lebendig und steigern die Wirkung der eingesetzten Einzelfarben. Farben, die sich im Farbkreis gegenüberstehen, bilden Komplementärkontraste. Der bekannteste Komplementärkontrast ist der Rot-Grün-

Der natürliche Farbkreis mit 12 reinen Farben. Komplementärfarben liegen im natürlichen Farbkreis gegenüber. Ihre Kombination ergibt einen sehr spannungsreichen Farbkontrast

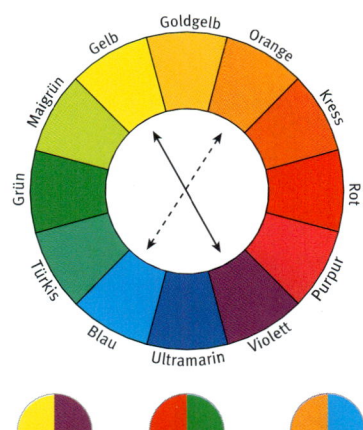

gelb – violett   rot – grün   orange – blau

Komplementärfarben

Kontrast. Andere Komplementärkontraste sind Gelb-Violett und Orange-Blau. Komplementärkontraste wirken besonders spannend und aufregend.

Der Komplementärkontrast in Rot-Grün wirkt besonders spannungsvoll. Hier ist er verwirklicht mit rot blühenden Stauden und Sommerblumen sowie mit Gräsern.

Farbharmonie

Besondes harmonisch wirken Pflanzungen, wenn eng verwandte Farben verwendet werden, also solche, die auf dem Farbkreis dicht nebeneinander liegen und ein gemeinsames Farbpigment besitzen. Die ähnlichen Farben schaffen fließende Übergänge. Solche Ton-in-Ton-Pflanzungen strahlen Ruhe aus.

Eine stimmungsvolle Farbharmonie beispielsweise in den Sonnenuntergangstönen entsteht aus Gelb, Orange und Rot. Verwirklichen lässt sich dieses Farbspiel mit Sonnenbraut (*Helenium*-Hybriden), Goldrute (*Solidago*-Hybriden), Stauden-Sonnenblume (*Helianthus*-Hybriden) und Sonnenauge (*Heliopsis helianthoides* var. *scabra*). Romantisch präsentiert sich eine Pflanzung aus zartem Blau, Violett und Rosa.

Monochrome Pflanzungen

Monochrome (einfarbige) Pflanzungen haben nur eine Blütenfarbe zum Thema. Damit sie nicht monoton wirken, müssen hier die Wuchs- und Blütenformen sorgfältig abgestimmt werden.

Monochrome Pflanzungen leben vor allem von unterschiedlichen Wuchs- und Blütenformen.

Farbkombinationen

Aufgrund der Vielfalt an Blütenfarben im Bereich der Stauden entstehen immer wieder neue Farbwirkungen. Bewährt ist der klassische Farbdreiklang Blau, Weiß und Gelb. Er ist mit unterschiedlichsten Pflanzen zu verwirklichen, beispielsweise als naturnahe Pflanzung mit Jakobsleiter (*Polemonium caeruleum* 'Album'), Garten-Trollblume (*Trollius*-Hybriden), Wiesen-Iris (*Iris sibirica*), oder als Beetpflanzung mit Garten-Rittersporn (*Delphinium*-Hybriden), Sonnenauge (*Heliopsis helianthoides* var. *scabra*) und Sommer-Margerite (*Leucanthemum*-Maximum-Hybriden).

Blüteaspekte

Man unterscheidet:
- Ununterbrochene Blühabfolge: Durch die Zusammenstellung von Arten mit aufeinander abgestimmten Blütenfarben und -zeiten kann der Blütenschmuck der Stauden vom Frühling bis in den Spätherbst reichen.
- Einmaliger Blühhöhepunkt: Bei Pflanzungen mit einem einmaligen Blühhöhepunkt blühen alle Stauden fast gleichzeitig.

Zwiebel- und Knollenpflanzen im Staudenbeet

Ohne Zwiebel- und Knollengewächse wäre eine Staudenpflanzung unvollkommen. Botanisch zählen diese zwar auch zu den Stauden, in der Praxis werden sie aufgrund ihrer besonderen Speicherorgane und ihres Lebensrhythmus jedoch in der Regel gesondert behandelt. Zwiebel- und Knollengewächse bilden unterirdische Speicherorgane, die ausdauernd sind. Die oberirdischen Pflanzenteile leben nur eine Vegetationsperiode. Sie werden auch **Erdpflanzen** oder **Geophyten** genannt.

Zwiebel- und Knollenpflanzen sind für Beet- und Schattenpflanzungen gleichermaßen unentbehrlich, da viele von ihnen zu einem Zeitpunkt Blüten entwickeln, an dem die Stauden noch nicht viel zu bieten haben. Die Masse der Geophyten blüht vom Frühjahr bis zum Frühsommer, bevor Stauden und Gehölze ihre volle Schönheit entwickelt haben. Beispiele hierfür sind Tulpen *(Tulipa),* Narzissen *(Narcissus)* und Krokusse *(Crocus).* Neben den Frühjahrsblüher können auch Sommer- und Herbstblüher wie Lilien *(Lilium)* oder Herbstzeitlose *(Colchicum autumnale)* Akzente in einer Pflanzung setzen.

Zwiebel- und Knollengewächse in Beetstaudenpflanzungen

Viele Blumenzwiebeln entwickeln sich am besten auf sonnigen Beeten mit gut durchlässigem Boden. Hierzu gehören beispielsweise Tulpen *(Tulipa)* und Hyazinthen *(Hyacinthus).* Daher können sie auf sonnigen Staudenbeeten schon im Frühjahr für Blütenreichtum sorgen – je nach Geschmack als farbenfrohes oder fein nuanciertes Blütenspektakel.
Als Pflanzplätze bieten sich die Zwischenräume einzelner Stauden geradezu an. Später verdecken die Stauden die

Blumenzwiebeln setzen erste Blütenaspekte im Gartenjahr. Hier schweben grazile Tulpenblüten über Hostablättern.

vergilbten und absterbenden Blätter der Zwiebelblumen.

Zwiebel- und Knollengewächse in Schattenpflanzungen

Viele Zwiebelpflanzen fühlen sich im Gehölzbereich unter sommergrünen Bäumen und Sträuchern sehr wohl, sodass sie sich dort regelrecht ausbreiten. Daher sollte man Gehölz-

Der Elfen-Krokus *(Crocus tommasinianus)* ist der beste Krokus zum Verwildern im Rasen oder unter Sträuchern.

rand- und Schattenpflanzungen mit Blumenzwiebelgewächsen bereichern, die sehr früh im Jahr reizvolle Farbakzente setzen. Im Frühjahr, der aktiven Wachstums- und Blütezeit, erhalten die Geophyten unter den noch unbelaubten Gehölzen die nötige Besonnung und ausreichend Feuchtigkeit. Wenn sich das Blätterdach der Gehölze im Laufe des Frühjahrs schließt, wird ihnen mehr und mehr das Licht und auch das Wasser entzogen. Sie beginnen zu vergilben und ziehen ein. Im Wurzelbereich der Gehölze finden sie während dem Sommer die Ruhe und Trockenheit, die für das Ausreifen der Zwiebeln und Knollen erforderlich ist.

Zwiebelblumen im Rasen

Empfehlenswert ist die Ansiedlung von Geophyten auch in Rasenflächen, die vor oder unter Gehölzen liegen. Überall dort, wo sich der Rasen durch die Beschattung nur dürftig entwickelt und häufig stark vermoost ist, finden sich ideale Voraussetzungen für die großflächige Ausbreitung von Zwiebelgewächsen. An zusagenden Plätzen bilden viele Geophyten durch Selbstaussaat oder vegetative Vermehrung rasch größere Blü-

tenteppiche. Hierfür geeignet sind Winterlinge *(Eranthis hyemalis)*, Schneeglöckchen *(Galanthus nivalis)*, Blaustern *(Scilla siberica)*, Blausternchen *(Scilla bifolia)*, Schneestolz *(Chionodoxa sardensis)* und Elfen-Krokus *(Crocus tommasinianus)*.

Tipps zur Pflanzung

Alle im Früh- oder Vorsommer blühenden Zwiebelpflanzen müssen ebenso wie die Herbstzeitlosen im Spätsommer oder Anfang Herbst gesteckt werden. Im Sommer blühende Zwiebel- und Knollenpflanzen wie Gladiolen *(Gladiolus)* oder Montbretien *(Crocosmia)* kommen im Frühjahr in den Boden. Die Zwiebeln der verschiedenen Arten stecken unterschiedlich tief im Boden, und ebenso tief müssen sie gepflanzt werden. Als Faustregel gilt, dass eine Zwiebel zwei- bis dreimal so tief gesteckt werden soll, wie sie selbst groß ist. Ungefähr so tief, wie sie gelegt werden, sollten sie auch voneinander entfernt stehen. Die Ansiedlung von Geophyten sollte immer in größeren Gruppen erfolgen, da sie in größeren Beständen besonders wirkungsvoll sind.

Gestaltungsideen für Staudenbeete

Staudenbeet in sonniger Lage

Eine Rabatte mit üppigen Blütenwogen in Gelb, Orange, Rot und Kupfer sorgt bis zum Sommerausklang für einen wahren Höhepunkt in Ihrem Garten. Verwenden Sie Sonnenhut *(Rudbeckia fulgida* var. *sullivantii)* und Mädchenauge *(Coreopsis verticillata* 'Grandiflora') in größeren Gruppen, damit sie ihre ganze Pracht entfalten. Beide Stauden gehören in den Vordergrund der Rabatte, sie bilden einen idealen Beetabschluss. Die feingliedrigen Blüten der Goldrute *(Solidago-*Hybriden) bilden eine willkom-

mene Abwechslung zwischen den vielen runden Blütenformen. Das straff aufrecht wachsende Reitgras *(Calamagrostis × acutiflora* 'Karl Foerster) betont die Vertikale und sollte wiederholt auftreten. Die Kokardenblume *(Gaillardia-*Hybride) bietet sich als Füllpflanze an.

① *Calamagrostis × acutiflora* 'Karl Foerster'
② *Coreopsis verticillata* 'Grandiflora'
③ *Gaillardia-*Hybride 'Burgunder'
④ *Helenium-*Hybride 'Baudirektor Linné'
⑤ *Helenium-*Hybride 'Moerheim Beauty'
⑥ *Helenium-*Hybride 'Waltraud'
⑦ *Helianthus decapetalus* 'Capenoch Star'
⑧ *Heliopsis helianthoides* var. *scabra* 'Karat'
⑨ *Heliopsis helianthoides* var. *scabra* 'Spitzentänzerin'
⑩ *Rudbeckia fulgida* var. *sullivantii* 'Goldsturm'
⑪ *Panicum virgatum* 'Hänse Herms'
⑫ *Solidago-*Hybride 'Spätgold'

Staudenbeet im Halbschatten

Stauden für den Gehölzrand verwandeln den Übergang zwischen Gehölzen und dem angrenzenden Rasen in einen attraktiven Blütensaum. Pflanzen Sie verschiedene Astilben-Sorten, denn durch geschickte Arten- und Sortenwahl zieren Astilben über einen lan-

gen Zeitraum. Zusätzlich kann durch die Verwendung von verschiedenen Sorten eine Höhenstaffelung verwirklicht werden, die sich vor einem Gehölzhintergrund anbietet. Aufhellende Farbtupfer setzen Sie mit weiß blühenden Herbst-Anemonen (*Anemone*-Japonica-

Hybriden) und Silberkerzen (*Cimicifuga*). Einen wunderschönen Kontrast zum Weiß bildet das Blau von Eisenhut (*Aconitum*). Verwenden Sie Astilben nie einzeln, sondern immer in Dreier- oder Fünfer-Gruppen pro Sorte. Zwischen die Astilben-Gruppen pflanzen Sie ein wellenförmiges Band aus Eisenhut (*Aconitum*) und Silberkerzen (*Cimicifuga*). Wählen Sie verschiedene Arten von Silberkerzen und Eisenhut, sodass Sie einen lang andauernden Blütenflor erzielen. Da Astilben erst im späten Frühjahr austreiben, können gelb oder weiß blühende Narzissen den Frühlingsaspekt der Pflanzung ersetzen.

① *Aconitum carmichaelii* 'Arendsii'
② *Aconitum napellus*
③ *Anemone*-Japonica-Hybride 'Honorine Jobert'
④ *Astilbe chinensis* var. *pumila*
⑤ *Astilbe*-Arendsii-Hybriden
⑥ *Astilbe*-Japonica-Hybriden
⑦ *Astilbe*-Thunbergii-Hybriden
⑧ *Cimicifuga racemosa*
⑨ *Cimicifuga ramosa*
⑩ *Cimicifuga simplex*

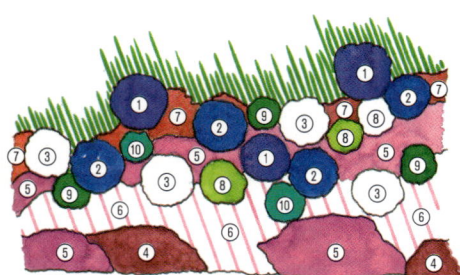

Staudenbeet im Schatten

Viele der Schattenbewohner blühen im Frühjahr vor dem Laubaustrieb der Bäume, sodass ein bezauberndes Frühlingsbeet entstehen kann.

① Astrantia major
② Brunnera macrophylla
③ Cardamine trifolia
④ Carex morrowii 'Variegata'
⑤ Carex plantaginea
⑥ Epimedium pinnatum ssp. colchicum
⑦ Primula elatior
⑧ Pulmonaria angustifolia 'Azurea'
⑨ Rodgersia podophylla
⑩ Tiarella cordifolia
⑪ Waldsteinia geoides

Mit dieser Auswahl an Schattenstauden können Sie einen stimmungsvollen Farbdreiklang in Weiß, Gelb und Blau verwirklichen. Durch die Verwendung von Blumenzwiebeln wie Blaustern (Scilla), Puschkinie (Puschkinia scilloides) oder Balkan-Anemone (Anemone blanda) beginnt das Frühlingserwachen noch früher.
Pflanzen Sie die Stauden in größeren und kleineren Gruppen, die sich wiederholen. Verwenden Sie die verschiedenen Arten mosaikartig, um einen naturhaften Charakter zu erzielen.

Das Bronze-Schaublatt (Rodgersia-Hybride) benötigt viel Platz, deshalb sollte es nur einzeln gepflanzt werden. Die Gräser können Sie einzeln oder auch in Dreier-Gruppen in der Pflanzung wiederholen.

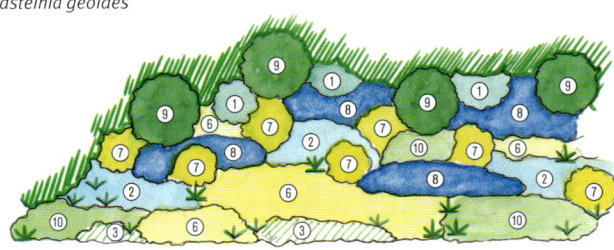

auf einen blick

- Die Auswahl der Stauden muss sich nach den Licht-, Boden- und Feuchtigkeitsverhältnissen im geplanten Beet richten.
- Wählen Sie zuerst die Solitär-, dann die Leit- und Begleitstauden. Verbleibende Lücken werden mit Füllpflanzen gefüllt.
- Für eine harmonische Gestaltung ist nicht nur die richtige Kombination der Farben, sondern auch der Blattformen entscheidend.

Stauden pflanzen und pflegen

Standortgerecht ausgewählte Stauden bilden den Schlüssel für den Pflanzerfolg. Solche Staudenpflanzungen können mit wenigen Pflegemaßnahmen dauerhaft ansprechend erhalten werden.

Die meisten Stauden sind langlebig und können viele Jahre an ihrem Platz verbleiben. Daher ist eine gründliche Bodenvorbereitung und fachgerechtes Pflanzen unerlässlich. Je gründlicher der Standort vorbereitet wird, desto besser ist der Anwachserfolg, die Entwicklung und die Dauerhaftigkeit der Pflanzung. Alle Mühen, die man in die Vorbereitung investiert, zahlen sich also später wieder aus.

Auch wenn eine Pflanzung sorgfältig geplant und gepflanzt wurde, bedarf jede Pflanzung der Pflege, welche die Pflanzung erhält. Eine Pflanzung, die sich selbst überlassen bleibt, verwildert. Allerdings variiert das Ausmaß der Pflegezeiten sowie die Pflegemaßnahmen selbst stark in Abhängigkeit von der Art der Pflanzung. Prachtstauden gelten als pflegeintensiv, da infolge der züchterischen Bearbeitung oft die Vitalität der Wildform verloren ging. Dafür entschädigen sie mit einer unglaublichen Blütenpracht und -fülle, die ihren Preis in der Pflege hat. Im Vergleich zu Prachtstaudenpflanzungen kommen Halbschatten- und Schattenpflanzungen sowie Wildstauden mit sehr viel weniger Pflege aus. Sobald die Pflanzungen eingewachsen sind und eine geschlossene Bodendecke bilden, reduzieren sich die Pflegemaßnahmen auf ein Minimum.

◀ Jede Staudenpflanzung verlangt ein Mindestmaß an Pflege. Durch gezielte Schnittmaßnahmen kann die Blütezeit bei vielen Stauden verlängert werden.

Qualitätsstauden sind gesund und frei von Unkräutern. Ein gut durchwurzelter Topfballen behält seine Form auch nach dem Austopfen.

Einkaufstipps

Stauden werden heute überwiegend in Töpfen (»Containerstauden«) und nur noch in Ausnahmefällen mit losen Wurzeln (»Ballenware«) angeboten. Das hat den Vorteil, dass sie fast die ganze Vegetationsperiode über gekauft und gepflanzt werden können. Die optimalen Pflanzzeiten für Stauden sind das Frühjahr und der Herbst. Achten Sie darauf, dass

• die Töpfe gut durchwurzelt sind
• die Stauden gesund und frei von Unkräutern sind
• jede Staude etikettiert, also mit Namensschild versehen ist.

Die besten Adressen für den Staudenkauf sind Staudengärtnereien (Adressen siehe Seite 92), Baumschulen und Gartencenter. Insbesondere Staudengärtnereien bieten oft ein breites Spektrum an Arten und Sorten, einige haben sich auch auf Besonderheiten spezialisiert. Neben den örtlichen Einkaufsmöglichkeiten gibt es auch eine Reihe von Betrieben mit interessanten Sortimenten, die Pflanzen versenden. Einige Staudengärtnereien geben auch einen Sortimentskatalog heraus, der über das Angebot informiert, sodass man das Sortiment in aller Ruhe vorab studieren kann.

Ausgefallene Sortimente und Raritäten findet man auch auf den verschieden Gartentagen, die sich mittlerweile quer durch Deutschland etabliert haben. Die Termine werden in den verschiedenen Gartenzeitschriften veröffentlicht.

Pflanzzeit

Containerstauden kann man theoretisch das ganze Jahr über pflanzen. Vorausgesetzt, dass der Boden bearbeitbar ist. Die günstigsten Pflanzzeiten liegen jedoch im Frühjahr und im Herbst. In diesem Zeitraum bieten Luftfeuchtigkeit, Bodenfeuchtigkeit und Temperatur die besten Voraussetzungen für eine erfolgreiche Pflanzung. Auch im Sommerhalbjahr kann man pflanzen, wenn ausreichend gewässert wird.
Nässe- und frostempfindliche Stauden wie Herbst-Anemonen (*Anemone*-Japonica-Hybriden), Fackellilien (*Kniphofia*-Hybriden) und Indianernesseln (*Monarda*-Hybriden) sollten nur im Frühjahr gepflanzt werden, damit sie ausreichend Zeit zum Anwachsen haben, um den ersten Winter besser zu überste-

hen. **Gräser** und **Farne** sollte man grundsätzlich nur im Frühjahr pflanzen.
Ausnahmen bilden **Bart-Iris** (*Iris*-Barbata-Hybriden) und **Pfingstrosen** *(Paeonien)*, wenn sie wurzelnackt gepflanzt werden. Die beste Pflanzzeit für Bart-Iris (*Iris*-Barbata-Hybriden) ist nach der Blüte im Juli-August. Zu diesem Zeitpunkt bilden die Rhizome neue Wurzeln, sodass sie gut anwurzeln können. Pfingstrosen wachsen am besten an, wenn sie Anfang September gepflanzt werden, da dann das neue Wurzelwachstum einsetzt.

Bodenvorbereitung

Der Bodenvorbereitung kommt eine ganz besondere Rolle zu, da der Boden derjenige Standortfaktor ist, den man vor der Pflanzung am besten beeinflussen kann. Eine Möglichkeit, die man nutzen sollte, um optimale Wachstumsbedingungen zu schaffen. Je gründlicher die Bodenvorbereitung ist, desto besser wird sich die Pflanzung entwickeln. Der ideale Staudenboden ist ein sandig-humoser Lehmboden.
Böden, die von diesem Idealboden stark abweichen, müssen

Stauden und Sommerblumen werden mit der Pflanzschaufel gepflanzt. Wichtig ist, dass sie tief genug gepflanzt und anschließend gut angedrückt werden.

entsprechend vorbereitet werden. **Leichte, sandige Böden** müssen durch die Zugabe von Lehm und Humus bindiger gemacht werden, um der Nährstoffauswaschung und dem Feuchtigkeitsverlust entgegenzuwirken. Bei **schweren Lehm- und Tonböden** sind lockernde Bodenverbesserungsstoffe wie Sand und organische Substanz notwendig. Die Zuschlagstoffe werden in die Pflanzerde eingearbeitet, sodass eine gleichmäßige Mischung entsteht. **Wasserundurchlässiger Boden** muss durch Beimischung von Kies und Sand in seiner Struktur so verändert werden, dass keine Stauhorizonte entstehen. Geeignete Strukturverbesserer sind grobkörnige Sande und Kies, die in den Unterboden eingearbeitet werden müssen.

Im Sommer fallen oft große Mengen an Gartenabfällen an. Nach der Kompostierung ist das Ausbringen von gutem Kompost das Beste, was Sie für Ihren Gartenboden tun können.

Kompost zur Bodenverbesserung

Sehr hilfreich zur Verbesserung sowohl schwerer Lehmböden als auch sandiger Böden ist organische Substanz, also Humus, der im Boden wie ein Stabilisator wirkt. Die organische Substanz bewirkt, dass Nährstoffe und Wasser gut festgehalten werden, Wärme besser im Boden gespeichert wird und die Bodenstruktur lockerer und luftiger wird. Organische Substanz kann vor allem mit **Komposterde** zugeführt werden. Diese sollte abgelagert und reif sein, außerdem frei von Krankheitserregern sowie Unkrautsamen und -wurzeln. Der Kompost wird nach der Bodenbearbeitung in einer 2–5 cm dicken Schicht flächig aufgetragen und oberflächlich eingearbeitet. Ebenfalls geeignet sind Rindenhumus oder Rindenkompost. Hier ist jedoch zu beachten, dass sie bei der Zersetzung Stickstoff binden, der über eine Düngung den Pflanzen nachgeliefert werden muss.

Bodenverdichtungen aufbrechen

Die meisten Stauden durchwurzeln den Boden in einer Tiefe von 20–40 cm. Gerade bei Neuanlagen können durch Baumaßnahmen verdichtete Bodenhorizonte entstanden sein, die die Durchwurzelbarkeit einschränken. Daher ist eine tiefgründige Bodenlockerung und -bearbeitung unerlässlich. Der Boden sollte mit Spaten oder Grabegabel grobschollig umgegraben werden. Der beste Zeitpunkt dafür ist der Herbst, da durch die Frosteinwirkung im Winter ein krümeliger Boden entsteht.

Wurzelunkräuter entfernen

Wurzelreste von Wurzelunkräutern wie Giersch, Quecke und Winde sollte man sorgfältigst aussortieren, da winzige Teilstücke für die Vermehrung der Unkräuter ausreichend sind. Pflanzflächen mit Wurzelunkräutern sollte man nicht gleich nach der ersten Bearbeitung bepflanzen, sondern lieber ruhen lassen, um auf durchtreibende Wurzelunkräuter kontrollieren zu können. Graben Sie austreibende Wurzelunkräuter solange aus, bis die Fläche wirklich unkrautfrei ist.

In Staudenpflanzungen ist die nachträgliche Bekämpfung von Wurzelunkräutern meist wenig erfolgreich. Sobald verbleibende Wurzelreste den Wurzelballen einer Staude durchwachsen haben, lassen sich die Wurzelunkräuter nur entfernen, wenn man die Staude ausgräbt und teilt.

Winden haben die unangenehme Eigenschaft, dass sie oft erst nach 3–4 Monaten erneut austreiben. Die Geduld zahlt sich hier aus, denn nach überstürztem Pflanzen beginnt der Ärger bereits bei der Pflege.

Gründüngung zur Bodenlockerung

Zusätzlich zur mechanischen Lockerung des Bodens bietet sich eine Gründüngung an, die gleich mehrfach nützlich ist, wie die Vorteile zeigen.

Die Vorteile der Gründüngung:
- das Bodenleben wird aktiviert
- die Bodenstruktur wird verbessert
- der Boden wird mit organischer Substanz angereichert
- die Wurzeln können Bodenverdichtungen aufbrechen
- der Unkrautwuchs wird unterdrückt.

Viele Gründe also, die für eine Gründüngung sprechen, auch wenn sich der Pflanztermin dadurch verzögert. Für die Gründüngung eignet sich eine Vielzahl von Pflanzen, die im Frühjahr oder Herbst ausgesät werden. Bevorzugt werden Tiefwurzler wie **Bitterlupinen** oder **Luzerne**. Diese haben ein weit in die Tiefe reichendes Wurzelsystem und bewirken eine gute Tiefenlockerung. Pfahlwurzler wie **Gelbsenf** oder **Ölrettich** entwickeln sehr starke Wurzeln, die Bodenverdichtungen gut aufbrechen können. **Winterroggen** hat als Gründüngungspflanze den Vorteil, dass er im Herbst ausgesät wird und winterhart ist.

Die Gründüngung wird nach der Blüte abgemäht und flach in den Boden eingearbeitet. Größere Grünmassen sollten nach dem Abmähen etwas anwelken können, damit sie leichter einzuarbeiten sind.

Eine Grunddüngung sichert guten Start

Vor der Pflanzung sollte man eine Grunddüngung ausbringen. Bewährt haben sich hierfür organische Dünger wie grobe Hornspäne oder Rizinusschrot. Nach einer Kompostausbringung reichen 60–80 g/m² für eine Grunddüngung völlig aus.

Gründüngungspflanzen wie diese Bitterlupien lockern den Boden, aktivieren das Bodenleben und unterdrücken den Unkrautwuchs.

Das Quadratmeter-Raster aus Sand vereinfacht die Übertragung des Pflanzplanes auf das Gartenbeet ganz erheblich.

Mit Hilfe des Rasters kann man die gewünschte Anzahl und Anordnung der Pflanzen pro m² sehr leicht einhalten.

Stauden richtig pflanzen

Pflanzen Sie erst dann, wenn der Boden gut vorbereitet und unkrautfrei ist. Bevor man die Stauden einpflanzt, müssen sie gründlich gewässert werden. Am einfachsten geschieht dies durch Eintauchen in eine Wanne. Sobald keine Luftblasen mehr aufsteigen, sind die Wurzelballen ausreichend feucht. Anschließend verteilen Sie die Pflanzen gemäß dem Pflanzplan auf dem Beet. Wenn alle Pflanzen ausgelegt sind, ergibt sich bereits ein erstes Bild. Falls nötig, können Sie nun noch Korrekturen vornehmen. Wenn Sie mit Ihrer Anordnung zufrieden sind, geht es ans Pflanzen. Zuerst werden die Stauden vorsichtig ausgetopft. Moose, Algen und Unkräuter, die auf der Topfoberfläche siedeln, werden ebenso entfernt wie verkrustetes Topfsubstrat. Stark verwurzelte und verfilzte Ballen sollten aufgeraut werden. Überlange Wurzeln werden eingekürzt, damit das Wurzelsystem zur Neubildung von Wurzeln angeregt wird.

Stauden pflanzt man mit einer Handschaufel. Das Pflanzloch sollte so groß und tief sein, dass die Wurzeln senkrecht in den Boden kommen und locker ausgebreitet werden können, da sie sonst kümmern. Die Pflanzen sollen so tief gesetzt wer-

Besonders sorgfältig sind Pflanzflächen für Schatten- und Halbschattenpflanzungen vorzubereiten. Denn hier wachsen Stauden, die einen lockeren und humusreichen Boden lieben. Daher sollte reichlich Laub-, Rinden- oder Holzkompost eingearbeitet werden. Als Humusnachlieferung nach der Pflanzung genügt den Stauden der jährliche Laubfall.

Flach unter der Erde verlaufende Rhizome wie bei Bart-Iris *(Iris*-Barbata-Hybriden) und Pfingstrosen *(Paeonia*-Lactiflora-Hybriden) dürfen nicht zu tief gepflanzt werden, da sie sonst blühfaul werden.

Das Mulchen von Staudenpflanzungen mit Rindenmulch sieht nicht nur ansprechend aus, sondern reduziert auch deutlich die notwendige Bodenpflege.

den, wie sie vorher auch im Topf gestanden haben. Füllen Sie nun das Pflanzloch mit Erde auf, sodass der Wurzelballen ringsum Bodenkontakt hat. Zuletzt drückt man die Erde gut an. Abschließend wird gründlich gewässert. Achten Sie auch in den folgenden Wochen auf ausreichende Feuchtigkeit, damit das Anwachsen gesichert ist.

Rhizome von *Iris*-Barbata-Hybriden dürfen nur flach gepflanzt werden, da die Blühfähigkeit sonst nachlässt. Die Rhizomoberseite muss sichtbar sein.

Bodenpflege

Prachtstauden brauchen, auch nachdem sie eingewachsen sind, einen offenen lockeren Boden und somit laufende Bodenpflege. Der Boden ist durch flaches Hacken offen zu halten, ohne dass die Pflanzen in ihrem Wurzelbereich beschädigt werden. Gleichzeitig werden auftretende Unkräuter beseitigt. In eingewachsenen Halbschatten- und Schattenpflanzungen bilden die Pflanzen eine geschlossene Bodendecke. Hier reduziert sich die Bodenpflege auf das Entfernen von Unkräutern und Gehölzsämlingen. Auf

Hacken sollte hier verzichtet werden, da sonst die Blattteppiche zerstört werden.

Mulchen

Eine Alternative zur regelmäßigen Bodenpflege stellt das Mulchen dar. Als Mulchen bezeichnet man das Abdecken der offenen Pflanzflächen mit Rindenmulch oder anderen Materialien wie Holzhäcksel oder Laubkompost. Natürlich muss der Boden vorher gelockert und unkrautfrei sein. Um eine gute Unkrautwirkung zu erzielen, ist eine Mulchschicht von 5–7 cm Höhe erforderlich.

Mulchen wirkt sich gleich mehrfach positiv aus:
- die Bodenfeuchte wird bewahrt
- das Hacken entfällt
- der Boden bleibt locker
- es keimen weniger Unkräuter.

Wichtig: Bei der Zersetzung der organischen Substanz entziehen die Bodenlebewesen dem Boden Nährstoffe, die dann den Stauden fehlen. Abhilfe schafft eine Ausgleichsdüngung vor dem Mulchen. Geeignet sind organische Dünger wie Hornspäne, von denen man 80 g/m² vor dem Mulchen ausbringt. Je nach Verrottungsgeschwindigkeit muss nach 2–3 Jahren nachgemulcht werden.

Nur frisch gepflanzte Stauden müssen regelmäßig gewässert werden.

Humusieren

Einen Dünge- und gleichzeitig auch Pflegeeffekt erzielt man, wenn man Staudenbeete humusiert. Als Humusieren bezeichnet man das flächige Abdecken der Staudenbeete mit Komposterde. Der Kompost sollte reif und unkrautfrei sein. Aufgetragen wird in einer Schichtstärke von 2–3 cm. Der beste Zeitpunkt ist der Winter oder das zeitige Frühjahr vor dem Austrieb.

Gießen

Gut eingewachsene Staudenpflanzungen müssen nur in Ausnahmesituationen gewässert werden. Insbesondere dann, wenn die Pflanzen standortgerecht ausgewählt wurden (siehe die Angaben zum Standort in den Porträts). In der Regel besitzen Stauden ein reich verzweigtes Wurzelsystem, mit dem sie auch Wasser aus tieferen Bodenschichten nutzen können. Wichtig ist, dass man die Stauden gleich nach der Pflanzung richtig erzieht. Regelmäßiges Befeuchten der Oberfläche nach der Pflanzung verwöhnt die Stauden, sodass sie nur oberflächlich Wurzeln bilden.

Besonders empfehlenswert und wirkungsvoll ist das Humusieren bei Stauden, die lange Zeit am gleichen Standort stehen. Viele Stauden schieben dann ihre Wurzelstöcke bis an die Erdoberfläche und beginnen zu verkahlen. Durch das Humusieren werden sie vor dem Vergreisen geschützt und gleichzeitig mit Nährstoffen versorgt. Dadurch erübrigt sich das Herausnehmen und die Teilung der Stauden über einen größeren Zeitraum.

Als Folge zeigen sie schnell Welkerscheinungen und rufen nach ständiger Wasserversorgung. Daher sollte man lieber seltener, dafür aber durchdringend gießen.
Eine Ausnahme bilden Beet- oder Prachtstauden. Diese brauchen auch nach dem Einwachsen bei lang anhaltender Trockenheit und an heißen Tagen viel Wasser, damit sie nichts von ihrer Schönheit einbüßen.

Düngen

Zu den Pflegemaßnahmen gehört auch die optimale Ver-

Genaue Düngerempfehlungen ergeben sich aus Bodenuntersuchun-
gen, die Aufschluss über den Nähr-
stoffgehalt des Bodens liefern
(Adressen siehe Seite 92).

sorgung der Pflanzen mit Nährstoffen. Denn nur richtig ernähr-
te Pflanzen zeigen eine gute
Entwicklung und sind gleichzeitig weniger krankheitsanfällig.
Bei den Düngemitteln unterscheidet man zwischen organischen, mineralischen und orga-
nisch-mineralischen Düngern.
Organische Dünger werden aus
verarbeiteten pflanzlichen oder
tierischen Bestandteilen herge-
stellt. Beispiele sind Hornspäne
oder Rizinusschrot. Auch Kompost und Stallmist sind organische Dünger. Neben der Nähr-
stofflieferung fördern sie gleichzeitig
auch die Bodenlebewesen und die
Humusversorgung.
Organische Dünger wirken als
Langzeitdünger, da sie im
Boden erst langsam aufge-
schlossen werden und den
Pflanzen über einen längeren
Zeitraum Nährstoffe zur Verfü-
gung stellen. Je nach Temperatur und Bodenfeuchtigkeit dau-
ert es 3–4 Wochen bis die Nährstoffe für die Pflanzen verfügbar
sind.

Mineralische Dünger sind was-
serlöslich und somit sofort wirksam. Vorteilhaft ist, dass sie
durch die rasche Verfügbarkeit
sehr gezielt eingesetzt werden
können. Eine Ausnahme bilden
mineralische Langzeitdünger,
die ihre Nährstoffe nur nach und
nach freisetzen, ähnlich wie die
organischen Dünger.
**Organisch-mineralische Dün-
ger** enthalten organische und
mineralische Bestandteile. Sie
vereinen die schnelle und nach-
haltige Wirkung der beiden Dün-
gergruppen.

Düngermenge

Die Höhe der Düngergabe rich-
tet sich nach dem Nährstoffge-
halt des Bodens und der Nähr-
stoffbedürftigkeit der Stauden.
Die meisten Halbschatten- und
Schattenstauden haben einen
eher mäßigen Nährstoffbedarf.
Viele von ihnen reagieren sehr
empfindlich auf höhere Salzkon-
zentrationen. Daher sollte man
für solche Pflanzungen organische Dünger bevorzugen. Eine
einmalige Düngergabe in Höhe
von 60–80 g/m² ist für **Halb-
schatten- und Schattenstauden**
vollkommen ausreichend.
Beetstauden benötigen höhere
Düngergaben, wenn sie ihre
volle Schönheit entfalten sollen.

Als Faustregel gilt: Je höher die
Staude ist, desto höher ist auch
der Nährstoffbedarf. Hochwüchsige Stauden wie Raublatt-
Astern *(Aster novae-angliae)*
oder Langzeitblüher wie das
Sonnenauge *(Heliopsis helianthoides* var. *scabra)* haben folg-
lich einen höheren Bedarf als
beispielsweise das Tränende
Herz *(Dicentra spectabilis)*, das
kurz nach der Blüte einzieht.
Bewährt haben sich für Beetstauden mineralische Volldün-
ger in einer Düngergabe von
100–150 g/m², die auf zwei
Gaben verteilt wird. Mineralische Dünger bieten hier den Vorteil, dass sie sofort verfügbar
sind und somit exakt dann eingesetzt werden können, wenn
der Bedarf am höchsten ist.

Wann düngen?

Daher düngt man die erste
Gabe zum Austrieb, die zweite
Gabe sollte im Juni folgen, um
die Blüte zu fördern.
Wichtig: Nährstoffe im Über-
schuß, besonders Stickstoff,
führen zu verstärktem Blatt-
und Triebwachstum und masti-
gem Gewebe. Häufige Folgen
sind Standschwäche und eine
erhöhte Anfälligkeit für Krankheiten und Schädlinge. Ab Ende
Juli sollte man nicht mehr dün-

gen, da die Triebe sonst schlecht ausreifen und die Winterhärte beeinträchtigt werden kann.

Aufbinden und Stäben

Hochwüchsige Stauden wie Garten-Rittersporne *(Delphinium-*Hybriden) oder Raublatt-Astern *(Aster novae-angliae)* sind oft standschwach, insbesondere wenn ihnen Wind und Regen zusetzen. Um Stauden vor dem Auseinanderfallen zu bewahren, müssen sie rechtzeitig gestützt

werden. Dazu benötigt man Stützen oder Stäbe und Bindematerial. Bewährte Stützen sind Holzruten, Eisen- oder Bambusstäbe. Als Bindematerial eignet sich Sisalschnüre, Naturbast oder grüner Kunststoffbast. Kunststoffbast hat den Vorteil, dass er sehr haltbar ist und kaum auffällt. Oder man entscheidet sich für spezielle Staudenstützen, die das Stäben vereinfachen und zusätzlich auch noch ansehnlich sind. Diese Spezialanfertigungen werden in den Fachmärkten in verschiedenen Ausführungen angeboten. Alternativ können auch natür-

liche Stützhilfen aus kahlen Reisigzweigen verwendet werden, die in und um die Horste gesteckt werden. Hierbei ist zu beachten, dass die Zweige rechtzeitig gesteckt werden, damit die Stauden hindurchwachsen können und so natürlichen Halt finden. Die Bilder zeigen, dass Ihrem Ideenreichtum keine Grenzen gesetzt sind. Mit Hilfe unterschiedlichster Materialien können praktische Stützhilfen und phantasievolle Kunstwerke entstehen.
Bei allen Stäbemaßnahmen sollte man folgende Punkte beachten:

Oft brauchen hochwüchsige Stauden eine Stütze. Hier bilden Eisenstäbe und Sisalschnüre eine unauffällige Hilfskonstruktion.

Phantasievolle Stützhilfen kann man auch aus Reisigmaterial anfertigen. Verflochtene Zweige unterstützen hier die Standfestigkeit von Garten-Rittersporn.

Spezielle Staudenstützen (link stakes), die ineinander verhackt werden, vereinfachen das Stäben ganz erheblich. Vorteilhaft ist, dass man link stakes bei jeder Horstgröße und -form einsetzen kann.

- Als oberstes Gebot gilt, dass die natürliche Wuchsform der Staude beibehalten wird.
- Die Stäbe oder Stützen sollten immer so angebracht werden, dass sie möglichst verdeckt in der Pflanze stehen und so wenig wie möglich auffallen.
- Stäbearbeiten müssen vor allem rechtzeitig ausgeführt werden, bevor die Stauden ihre Endhöhe erreicht haben und Unwetter ihnen zugesetzt haben. Denn wenn die Triebe bereits umgefallen sind, hilft ihnen das Stäben auch nicht mehr.

Vorblüteschnitt statt Stäben

Bei einigen Stauden erübrigt sich das Stäben, wenn man den sogenannten Vorblüteschnitt anwendet. Als Vorblüteschnitt bezeichnet man den gezielten Rückschnitt der Triebe vor dem Blütenansatz. Hierzu werden alle Triebe etwa um die Hälfte eingekürzt. Durch das Abzwicken der Triebspitzen werden die Verzweigung, also die Seitentriebbildung und der Blütenansatz gefördert. Als Ergebnis bleiben die geschnittenen Stauden niedriger sowie kompakter und somit standfester. Als Begleiterscheinung verzögert sich allerdings die Blütezeit um 10–20 Tage. Eine Folgeerscheinung, die auch gezielt zur Verlängerung des Blütenreigens eingesetzt werden kann.

Der richtige Zeitpunkt für diese Schnittmaßnahme ist Ende Juni bis Anfang Juli. Lohnenswert ist der Vorblüteschnitt bei vielen sommer- und herbstblühenden

Durch das Ausschneiden der verblühten Blüten verhindert man beim Phlox das Aussamen und somit die Verfälschung von Sorten.

Beetstauden. Beispiele sind Sonnenauge *(Heliopsis helianthoides* var. *scabra)*, Sonnenbraut *(Helenium*-Hybriden), Herbst-Astern *(Aster novi-belgii, Aster novae-angliae)* und Hohe Flammenblume *(Phlox paniculata)*.

Blütenschnitt

Viele Stauden werden vor allem wegen ihrer auffälligen und üppigen Blütenpracht gepflanzt. Mit Hilfe entsprechender Schnittmaßnahmen kann die Blütezeit entweder verlängert oder auch eine zweite Blüte angeregt werden. Andere Blütenschnittmaßnahmen zeigen zwar keine Auswirkungen auf

Bei diesen Stauden sollten Sie die Blüten ausschneiden	
Deutscher Name	**Botanischer Name**
Gold-Garbe	*Achillea filipendulina*
Tausendblättrige Garbe	*Achillea*-Millefolium-Hybriden
Purpursonnenhut	*Echinacea purpurea*
Kokardenblume	*Gaillardia*-Hybriden
Stauden-Sonnenblume	*Helianthus decapetalus*
Sonnenauge	*Heliopsis helianthoides* var. *scabra*
Sommer-Margerite	*Leucanthemum*-Maximum-Hybriden
Goldsturm-Sonnenhut	*Rudbeckia fulgida* var. *sullivantii* ‘Goldsturm’

die Blüte, dafür aber auf das Aussehen der Pflanzen und den Erhalt der Sortenechtheit. Wichtig ist, dass man für die jeweilige Staude die geeignete Schnittmaßnahme wählt. Wir unterscheiden das Ausschneiden, den Remontierschnitt, den Nachblüteschnitt und den Verjüngungsschnitt.

Ausschneiden zum Verlängern der Blütezeit

Bei vielen Stauden kann durch das wiederholte Ausschneiden der verwelkten Blüten die Blütezeit erheblich verlängert werden. Eine Pflegemaßnahme, die zwar zeitaufwendig, aber dennoch lohnend ist, da fortlaufend neue Blütenknospen gebildet werden.

Remontierschnitt für eine zweite Blüte

Ein Remontierschnitt ist ein Totalrückschnitt nach der Blüte, um einen Neuaustrieb und eine zweite Blüte anzuregen. Hierzu werden die Stauden nach dem Abblühen bis auf die Basis (handbreit über dem Boden) zurückgeschnitten. Eine mineralische Düngergabe und Wässern bei Trockenheit fördern den erneuten Austrieb nach dem Rückschnitt.

Eine Zweitblüte wird bei folgenden Stauden erzielt	
Deutscher Name	**Botanischer Name**
Garten-Rittersporn	*Delphinium*-Hybriden
Feinstrahlaster	*Erigeron*-Hybriden
Sommer-Margeriten	*Leucanthemum*-Maximum-Hybriden
Garten-Lupinen	*Lupinus*-Polyphyllus-Hybriden
Katzenminze	*Nepeta mussinii*
Himmelsleiter	*Polemonium*-Hybriden
Sommer-Salbei	*Salvia nemorosa*
Dreimasterblume	*Tradescantia*-Andersoniana-Hybriden
Garten-Trollblume	*Trollius*-Hybriden

Nachblüteschnitt gegen Selbstaussaat

Der Nachblüteschnitt soll die Selbstaussaat verhindern und somit die Sortenechtheit bewahren. Sämlinge von Sorten fallen häufig nicht sortenrein, variieren also mehr oder weniger stark, und sind deshalb häufig wertlos. Die Samen keimen bevorzugt in den Horsten der Mutterpflanze, wo sie in den ersten Jahren ungestört und unbemerkt heranwachsen können.

Da die Sämlinge in der Regel vitaler sind als die Mutterpflanzen, können sie diese auf Dauer verdrängen, während sich robuste, weniger zierende Sämlinge ausbreiten. Daher ist es ratsam, die verwelkten Blütenstände vor der Samenreife auszuschneiden. Die beblätterten Stängel sollten erhalten bleiben, da sie auch ohne Blüten noch zieren und die Pflanzen weiterhin ernähren.

Sinnvoll ist der Nachblüteschnitt bei diesen Arten	
Deutscher Name	**Botanischer Name**
Sonnenauge	*Heliopsis helianthoides* var. *scabra*
Hohe Flammenblume	*Phlox paniculata*
Goldrute	*Solidago*-Hybriden
Dreimasterblume	*Tradescantia*-Andersoniana-Hybriden

Nach der Blütezeit wird der Schleier-Frauenmantel *(Alchemilla mollis)* schnell unansehnlich. Die Blütenstände verbräunen und die Horste fallen auseinander.

Hier wurde ein Totalrückschnitt nach der Blüte durchgeführt. Die Horste regenerieren sehr schnell und zieren mit frischgrünen und gesunden Blättern.

Verjüngungsschnitt für kompakten Wuchs

Schleier-Frauenmantel *(Alchemilla mollis)* und viele Geranium-Arten wie Pracht-Storchschnabel *(Geranium × magnificum)* oder Pyrenäen-Storchschnabel *(Geranium endressii)* werden nach der Blütezeit schnell unansehnlich. Die Fruchtstände werden nach der Blüte schwer und standschwach, sodass die Horste auseinanderfallen. Hier ist es ratsam, die Horste nach der Blütezeit vollständig zurückzuschneiden. Denn sie treiben bereits nach einigen Tagen willig wieder aus und bezaubern mit frischgrünen, neuen Blättern.

Außerdem bleiben die Horste kompakt. Nachblüten treten zwar nur vereinzelt auf, dafür wird aber das Erscheinungsbild der Stauden erheblich verbessert.
Sinnvoll ist diese Schnittmaßnahme auch bei Beinwell *(Symphytum)* und Lungenkraut *(Pulmonaria)*. Beide werden an sommertrockenen Standorten oft von Echtem Mehltau befallen, der zur vollständigen Verbräunung der Pflanzen führen kann. Vorbeugend hilft ein Totalrückschnitt am Ende der Blütezeit, der den Neuaustrieb von gesunden Blättern anregt. Eine einfache Maßnahme, die zu gesundem und attraktivem Blattschmuck verhilft.

Rückschnitt

Vorgezogener Rückschnitt

Vereinzelte Stauden blühen so überreich und unermüdlich, dass sie die Ausbildung von Überwinterungsknospen, die das Austreiben im nächsten Frühjahr sichern, »vergessen«. Die Folge ist, dass sie absterben und im Folgejahr ausbleiben. Daher werden solche Dauerblüher bereits Ende September ganz zurückgeschnitten, um sie zur Bildung von neuen Triebknospen zu zwingen.
Alle anderen Stauden werden im Spätherbst oder im Frühjahr bis auf den Boden zurückgeschnitten. Stauden mit schönem

Diese Stauden sollte man vorzeitig zurückschneiden	
Deutscher Name	**Botanischer Name**
Färberkamille	*Anthemis tinctoria*
Spornblume	*Centranthus ruber*
Kokardenblume	*Gaillardia*-Hybriden
Sommer-Margerite	*Leucanthemum*-Maximum-Hybriden

Fruchtschmuck wie Astilben *(Astilbe*-Hybriden) oder die Purpur-Fetthenne *(Sedum telephium)* sollten erst im Frühjahr zurückgeschnitten werden, da sie den winterlichen Garten bei Schnee oder Reif verzaubern. Außerdem bieten viele Fruchtstände den Vögeln und Kleintieren Winternahrung.
Gräser sollten grundsätzlich erst im Frühjahr zurückgeschnitten werden, da das eingetrocknete Laub den Horsten einen Winterschutz bietet und viele Arten bei einem Herbstrückschnitt zur Fäulnis neigen. Zudem präsentieren auch sie sich im Winter äußerst dekorativ.

Rückschnitt bei Halbsträuchern

Halbsträucher wie Lavendel *(Lavandula angustifolia)* oder Garten-Salbei *(Salvia officinalis)* werden erst im Frühjahr zurückgeschnitten, da man zu diesem Zeitpunkt erkennen kann, wie stark die Pflanzen zurückgefroren sind. Alle Triebe werden dann etwa um ein Drittel eingekürzt. Durch regelmäßigen

Schnitt entstehen so kompakte Halbsträucher. Nach stärkeren Frösten kann auch tiefer geschnitten werden, da Halbsträucher aus dem alten, blattlosen Holz wieder gut austreiben. Diese Eigenschaft kann auch genutzt werden, wenn alte Büsche unschön und struppig geworden sind. Die ganze Pflanze wird dabei bis auf kurze Stummel zurückgeschnitten und somit verjüngt.

Stauden mit schönen Fruchtständen und vor allem Gräser zieren auch noch im Winter. Daher sollte man bei diesen den Rückschnitt auf das Frühjahr verschieben.

Aufnehmen und Teilen älterer Stauden (Verjüngen)

Stauden sind ausdauernde Pflanzen und können über Jahre hinweg an ihrem Pflanzort verbleiben. Dennoch vergreisen einige Stauden mit zunehmender Standzeit. Erkennbare Anzeichen sind:

• die Stauden verkahlen in der Horstmitte
• die Wüchsigkeit lässt nach
• der Blütenreichtum fehlt.

Sobald diese Anzeichen sichtbar werden, sollten die Stauden verjüngt werden. Hierzu werden die Horste ausgegraben, in kleinere Teilstücke geteilt und an einem neuen Gartenplatz eingepflanzt. Wenn der neue Standort gut vorbereitet wurde, werden Wüchsigkeit und Reichblütigkeit nicht lange auf sich warten lassen.

Winterschutz

Stauden sind ausdauernde und winterharte Pflanzen, die normalerweise keinen Winterschutz benötigen – außer wenn sie aus milderen Klimaregionen stammen. Der beste Winterschutz für Stauden ist eine dauerhafte Schneedecke über einem leicht gefrorenem Boden. Da eine Schneedecke nicht sicher ist, sollte man einige empfindliche Stauden vorbeugend schützen. Sinnvoll sind Schutzmaßnahmen generell bei Staudenneupflanzungen, vor allem, wenn sie erst im Herbst gepflanzt wurden. Ausreichenden Schutz bietet eine lockere Abdeckung mit Fichtenreisig.

Pflanzen aus milderen Klimaten wie die Fackellilie *(Kniphofia*-Hybriden) aus Südafrika oder das Pampasgras *(Cortaderia selloana)* aus Südamerika sind in extremen Wintern gefährdet. Zu Winterbeginn werden die wintergrünen Blätter daher vorbeugend schopfartig zusammengebunden. Zusätzlichen Schutz bietet trockenes Laub um die Horste, das mit Reisig zusammengehalten wird.

Problem Winternässe

Viel problematischer als Winterkälte ist Winternässe, die zu Fäulnis und zum Absterben der Pflanzen führen kann. Winternässe tritt auf schweren lehmigtonigen Böden auf, wo das Wasser nicht ausreichend abziehen kann. Wenn Pflanzen verwendet werden sollen, die empfindlich auf Winterfeuchte reagieren, helfen nur vorbeugende Maß-

Wenn Stauden aus der Mitte heraus verkahlen, wird es Zeit, dass man sie verjüngt. Hierzu werden kleine Teilstücke abgestochen und an einem neuen Pflanzort eingepflanzt.

Pampasgräser *(Cortaderia selloana)* schützt man vor Winternässe, indem man sie schopfartig zusammenbindet, sodass das Herz der Pflanze trocken bleibt.

nahmen schon bei der Bodenvorbereitung, die für einen guten Wasserabzug sorgen (siehe Seite 74).

Stauden erfolgreich vermehren

Fast alle Stauden lassen sich problemlos durch Teilung vermehren – eine Vermehrungsmethode, die einfach und schnell auszuführen ist und immer ge-

lingt. Teilbar sind alle Stauden, die einen dichten Wurzelstock mit vielen Knospen aufweisen. Stauden, die nur eine **Pfahlwurzel** bilden wie beispielsweise Lupinen *(Lupinus*-Polyphyllus-Hybriden) oder Türken-Mohn *(Papaver orientale),* lassen sich nicht teilen. Hier ist es einfacher Jungpflanzen in der Staudengärtnerei zu kaufen. Als Hilfsmittel sind Messer, Schere und Spaten ausreichend. Der beste Zeitpunkt für die Teilung ist die Ruheperiode zwischen Herbst und zeitigem Frühjahr. **Gräser** werden bevorzugt im Frühjahr geteilt.

Fast alle Stauden können durch Teilung vermehrt werden. Bei manchen Stauden ist die Teilung auch erforderlich, wenn diese in ihrer Blütenpracht nachlassen. Hierzu zählen z. B. die Sommer-Margeriten *(Leucanthemum*-Maximum-Hybriden).

So wird geteilt

- Schneiden Sie alle Triebe und Blätter bis zur Basis zurück.
- Graben Sie die zu teilende Staude vorsichtig aus. Achten Sie darauf, dass sie das Wurzelsystem nicht verletzen.

Fast alle Stauden können durch Teilung vermehrt werden. Diese ausgegrabene Taglilie *(Hemerocallis*-Hybride) wird mit einem Messer in kleinere Teilstücke zerlegt.

Bei richtiger Pflanzweise und Pflege blühen Bart-Iris *(Iris*-Barbata-Hybriden) in üppiger Fülle.

- Schütteln Sie die überschüssige Erde ab, damit Sie die schlafenden Knospen besser erkennen können.
- Teilen Sie den Horst mit den Händen, einem Messer oder dem Spaten in kleinere Teilstücke.
- Wenn die Wurzeln dicht verwurzelt sind, hilft der Einsatz von zwei Grabegabeln. Diese werden mit dem Rücken aneinander in den Boden gedrückt. Mit Hilfe der Hebelwirkung können auch stark verwurzelte Horste schonend geteilt werden.

- Verwenden Sie nur kräftige und wuchsfreudige Teilstücke weiter. Die wüchsigsten Teile befinden sich am äußeren Rand des Horstes.
- Die Teilstücke sollten mindestens zwei bis drei Knospen aufweisen, sodass sie sich schnell wieder zu kräftigen Horsten entwickeln.
- Jedes Teilstück sollte man mit der Schere nachschneiden, um alle Wurzeln einzukürzen. Verletzte und abgestorbene Wurzeln werden entfernt.
- Die pflanzfertigen Teilstücke werden anschließend an die

vorgesehenen Standorte gepflanzt und gründlich gewässert.

Ausnahmen

- **Pfingstrosen** *(Paeonia*-Lactiflora-Hybriden) werden nur im Herbst geteilt und verpflanzt, da sie auf Störungen im Wurzelbereich sehr empfindlich reagieren. Achten Sie darauf, dass die dicken, fleischigen Wurzeln nicht beschädigt werden. Jedes Teilstück muss mindestens 2–3 Knospen besitzen. Beachten Sie auch, dass die Teilstücke nicht zu tief gesetzt werden, da sie sonst blühfaul werden. Pfingstrosen können sehr alt werden, ohne dabei von ihrer Schönheit einzubüßen. Daher sollten sie nur in Notfällen gestört werden.

• **Bart-Iris** *(Iris*-Barbata-Hybriden) werden direkt nach der Blüte im Juli-August geteilt, da sie zu diesem Zeitpunkt neue Wurzeln bilden. Die Tochterrhizome werden von Hand gebrochen und mit dem Messer nachgeschnitten. Beim Pflanzen ist darauf zu achten, dass die Rhizome waagerecht liegen und die Oberseite nicht mit Erde überdeckt ist.

Stauden gesund erhalten

Natürlich treten auch bei Stauden Schädlinge und Krankheiten auf. Doch was in der Theorie manchmal recht bedrohlich wirkt, ist in der Praxis oft halb so schlimm. Ein Grund ist, dass man in Staudenpflanzungen ruhig ein paar schädliche Lebewesen mehr dulden kann als etwa im Gemüsegarten, wo es auf die Gesundheit jeder Pflanze ankommt. Außerdem ist die Staudenvielfalt derartig groß, dass man auf kränkliche Stau-

den gut verzichten kann. Fast immer lassen sich anfällige Stauden durch ähnliche, aber gesunde Arten und Sorten bestens ersetzen.

Da jeder Einsatz von Pflanzenschutzmitteln einen Eingriff in und eine Belastung für die Natur bedeutet, sollte man im Ziergarten auf den Einsatz von chemischen Pflanzenschutzmitteln verzichten. Auch hier gilt es, vorbeugende Maßnahmen zu nutzen, die umweltverträglicher sind als die Bekämpfung mit Pflanzenschutzmitteln.

Vorbeugende Maßnahmen, die Sie nutzen sollten

• Höchste Beachtung sollten Sie der Auswahl von Stauden schenken. Wählen Sie nur Stauden, die an die Gegebenheiten von Boden und Klima angepasst sind, denn nicht standortgerecht gepflanzte Stauden sind viel anfälliger für Krankheiten und Schädlinge.

• Entscheidend ist die Arten- und Sortenwahl. Wählen Sie daher nur bewährte und gesunde Sorten.

• Eine grundlegende Voraussetzung für gesunde Pflanzen sind die sorgfältige Bodenvorbereitung (siehe Seite 74) und eine ausgewogene, bedarfs-

> Eingewurzelte alte Stauden sollte man nie verpflanzen, ohne sie vorher zu teilen. Denn selbst kleinere Teilstücke werden sich immer üppiger entwickeln als ungeteilte Stauden, die verpflanzt werden.

gerechte Düngung (siehe Seite 80). Insbesondere eine übermäßige Stickstoffdüngung führt zu erhöhter Anfälligkeit gegenüber Schädlingen und Krankheiten.

• Pilzkrankheiten werden oft auch durch falsches Wässern gefördert. Pflanzen sollten nicht täglich, sondern besser seltener, aber gründlich gewässert werden. Vermeiden Sie das Überbrausen der Blätter oder gießen Sie nur morgens, damit die Blätter noch abtrocknen können. Ein Feuchtigkeitsfilm auf den Blättern, der über Nacht bleibt, fördert das Pilzwachstum.

• Pflanzen Sie nicht zu dicht, denn Pilzkrankheiten werden durch zu engen Stand gefördert.

• Beachten Sie die Pflegehinweise in den Porträts. Bei Lungenkraut *(Pulmonaria)* schützt ein Totalrückschnitt nach der Blüte vor Echtem Mehltau.

Auf Pflanzenschutzmittel sollte man im Hausgarten ganz verzichten. Bei Staudenpflanzungen sollten immer vorbeugende Maßnahmen im Vordergrund stehen, denn Vorbeugen ist hier besser als Heilen. Die wichtigste vorbeugende Maßnahme ist die standortgerechte Auswahl der Stauden.

Die häufigsten Krankeiten und Schädlinge

Schnecken

Niederschlagsreiche Witterung fördert die Entwicklung von Schnecken. Diese gehen bei Regenwetter und bevorzugt nachts auf Nahrungssuche. Dabei hinterlassen sie deutlich sichtbare Schleimspuren auf den Pflanzen und dem Boden. Durch den Blattfraß können sie erhebliche Schäden verursachen. Besonders beliebt bei Schnecken sind Garten-Rittersporn *(Delphinium*-Hybriden), Funkien *(Hosta*-Hybriden), Glockenblumen *(Campanula)*, Ligularien *(Ligularia*-Hybriden), Sonnenbraut *(Helenium*-Hybriden) und viele andere Stauden.

Zur Schneckenabwehr helfen alte Hausmittel wie das regelmäßige Absammeln, das ebenerdige Einsenken von Bierfallen oder bei trockenem Wetter auch das Ausstreuen von Kalk oder Gesteinsmehl. Eine wirksame Alternative bietet das Ausbringen von Schneckenkorn. Im Fachhandel findet man mittlerweile umweltverträgliche und wirkungsvolle Produkte, die unbedenklich sind für Igel, Vögel und andere Nützlinge und somit den Einsatz rechtfertigen.

Blattläuse

Es gibt kaum Pflanzen, die nicht von Blattläusen befallen werden. Besonders beliebt sind jedoch Sommer-Margeriten *(Leucanthemum*-Maximum-Hybriden) und Eisenhut *(Aconitum)*. Hier finden sich grünliche oder schwarze Läuse, die sich in Kolonien bevorzugt an weichen Stängeln, Blüten und Blättern ansiedeln. Die Blätter kräuseln sich, und die Triebe können bei starkem Befall verkümmern. Blattläuse treten bei Trockenheit, schlechter Wasserversorgung und überhöhter Stickstoffdüngung auf. Daher sollte man immer auf ausgewogene Düngung, gleichmäßige Bodenfeuchte und gute Standortbedingungen achten. Zur Bekämpfung reicht es oft schon aus, wenn man die Läuse mit den Fingern abstreift oder stark befallene Blätter und Triebe entfernt. Wirksam ist auch das Spritzen einer Schmierseifenbrühe.

Hostablätter sind für Schnecken ein echter Leckerbissen. Durch den Lochfraß bis hin zum Totalfraß werden die attraktiven Blätter stark verunstaltet.

Starker Nemtodenbefall bei Phlox, erkennbar am Kümmerwuchs und deformierten Blättern. Hier hilft nur noch das Roden.

Echter Mehltau an Phlox. Der weißliche Pilzbelag auf den Blättern sieht nicht nur unschön aus, sondern reduziert auch die Vitalität der Pflanze.

Nematoden (Fadenwürmer)

Besonders anfällig für die winzigen Fadenwürmer sind Hohe Flammenblumen *(Phlox paniculata)* und Astern *(Aster novi-belgii, Aster*-Dumosus-Hybriden). Bei Stängelnematoden sind die älteren Triebe im unteren Stängelbereich verdickt und oft der Länge nach aufgeplatzt. Die Blätter an den befallenen Trieben sind gekräuselt und fadenartig verschmälert. Wirksame Bekämpfungsmaßnahmen für den Ziergarten gibt es nicht. Befallene Pflanzen sollten entfernt werden. Vorbeugend hilft eine gute Nährstoffversorgung und eine gleichmäßig hohe Bodenfeuchtigkeit.

Echter Mehltau

Echter Mehltau ist eine Pilzkrankheit, deren Befall man an dem weißlich mehlartigen Belag auf Trieben, Blättern und Blüten erkennt. Trockene Sommer, hohe Temperaturen und intensive Sonneneinstrahlung bieten ideale Voraussetzungen für die Entwicklung der Echten Mehltaupilze. Häufig betroffen sind Garten-Rittersporne *(Delphinium*-Hybriden), Goldrute *(Solidago*-Hybriden), Hohe Flammenblume *(Phlox paniculata)* und Astern *(Aster novi-belgii, Aster*-Dumosus-Hybriden).

Vorbeugende Maßnahmen:
- mehltauresistente Sorten verwenden
- nicht zu dicht pflanzen, damit die Pflanzen gut belüftet werden
- stickstoffbetonte Düngung vermeiden
- für gleichmäßige Bodenfeuchtigkeit sorgen.

auf einen blick

- Die Wahl des richtigen Standortes und umgekehrt die Zusammenstellung der Stauden aufgrund der gegebenen Verhältnisse (Boden und Licht) sind die Grundvoraussetzungen für kräftiges Wachstum und gesunde Stauden.
- Schwächliche Pflanzen werden eher von Krankheiten und Schädlingen befallen.
- Eine gründliche Bodenvorbereitung schafft optimale Wachstumsbedingungen und ist somit eine wichtige Vorbeugungsmaßnahme gegen Krankheiten und Schädlinge.
- Entsprechende Bodenpflege und bedarfsgerechte Düngung bilden weitere vorbeugende Maßnahmen.
- Durch Humuszugabe werden die Bodeneigenschaften verbessert, dadurch wird auch das Wachstum der Pflanzen positiv beeinflusst und ihre Abwehrkräfte gegen Krankheiten und Schädlinge erhöht.

Bezugsquellen und Adressen

Die nachfolgende Liste der Staudengärtnereien erhebt keinen Anspruch auf Vollständigkeit. Über den BdS erhalten Sie eine Liste mit Adressen aller Mitgliedsbetriebe und ihren Sortimentsschwerpunkten.

Bund deutscher
Staudengärtner (BdS)
Gießenerstr. 47
35305 Grünberg

Pflanzen

Spezialgärtnerei
Klaus Jentsch
Rayskistraße 1-5
01219 Dresden

Staudengärtnerei
Hans-Joachim Wachter
Rollbarg
25482 Appen-Etz

Friesland Staudengarten
Uwe Knöpnadel
Husumer Weg 16
26441 Jever (Rahrdum)

Staudengärtnerei
Heinz-Richard Klose
Rosenstr. 10
34253 Lohfelden

Floragarten Weinreich
Neue Straße 1
39326 Wolmirstedt

Gartenkultur
Arends und Maubach
Monschaustr. 76
42369 Wuppertal

Staudengärtnerei
Helmut Stade
Beckenstrang 24
46325 Borken-Marbeck

Staudengärtnerei
Andreas Huben
Schriesheimer Fußweg 7
68526 Ladenburg

Staudengärtnerei
Schöllkopf
Postfach 7137
72735 Reutlingen

Gärtnerei
Ewald Hügin
Zähringerstr. 28
79108 Freiburg

Staudengärtnerei
Gräfin von Zeppelin
79295 Sulzburg/Baden
(Spezialitäten: *Iris*,
Hemerocallis, Päonien
und *Papaver*)

Staudengärtnerei
Rolf Peine
An der B 471
82296 Schöngeising

Wörlein GmbH
Baumschulenweg 9
86911 Diessen/
Ammersee

Staudengärtnerei
Dieter Gaißmayer
Jungviehweide 3
89257 Illertissen

Staudengärtnerei
Cornelia und
Andreas Augustin
Neunkircher Straße 15
91090 Effeltrich

Staudengärtnerei
Hermann Näpfel
Äussere Nürnbergerstr. 99
91710 Gunzenhausen

Der Bamberger Staudengarten
Edith und Johann Strobler
Gundelsheimer Str. 80
96052 Bamberg

Sortiments- und
Versuchsgärtnerei
Werner Simon
Staudenweg 2
97828 Marktheidenfeld

Staudengärtnerei
Siegmar Poltermann
Weimarische Str. 27f
99099 Erfurt

Österreich:

Praskac Pflanzenland
A-3430 Tulln/Donau

Gärtnerei Sarastro
Christian Kreß
A-4974 Ort/Innkreis

Schweiz:

Staudengärtnerei
Hansuli Friedrich
CH-8476 Stammheim

Zubehör

Pflanzenstützen, Werkzeug

Gartenbedarf Versand
Richard Ward
Postfach 5200
87733 Markt Rettenbach

Adressen

Bodenuntersuchung

Die Adressen von Bodenuntersuchungsstellen erhalten Sie bei:
VDLUFA
Bismarckstr. 41a
64293 Darmstadt

Liebhabervereine

Gesellschaft für
Staudenfreunde e.V.
Meisenweg 1
65795 Hattersheim

Stichwortverzeichnis

Bildnachweis:

Borstell 2/3, 40, 4u, 5, 6, 16u, 190, 23u,
28u, 28o, 29u, 35u, 37, 39ul, 44, 49o,
53o, 55o, 57o, 58, 61, 62, 65, 66o, 72,
88
Fischer E. 9, 60, 63o, 64, 130
Hagen 10, 46u, 56o, 59o, 59u, 68,
Leyhe 1, 8o, 15, 16o, 18o, 21u, 35o, 56u,
66u, 67, 73, 77ol, 77or, 78u, 78o, 79,
81ul, 81um, 81ur, 82, 84l, 84r, 86, 87o,
87u, 90, 91o, 91u
Pforr 8u, 18, 31, 34u, 40, 45u, 46o, 49u,
53u, 74
Redeleit 36u, 76
Reinhard 12u, 13u, 14o, 17, 18u, 25o,
27u, 33, 36o, 38u, 43o, 47, 48, 50u,
55u, 75
Ruckszio 7u, 26u, 34o, 39ur, 42, 57u, 85
Seidl 70, 12o, 14u, 19u, 21o, 22, 23o, 24,
25u, 26o, 27o, 29o, 30, 32o, 32u, 41,
43u, 45o, 50, 51, 52u, 52o, 54, 63u
Stein 38o

Die Deutsche Bibliothek –
CIP-Einheitsaufnahme

Ein Titeldatensatz für diese Publi-
kation ist bei Der Deutschen
Bibliothek erhältlich

Grafiken: Heidi Janiček

**BLV Verlagsgesellschaft mbH
München Wien Zürich**
80797 München

© 2001 BLV Verlagsgesellschaft mbH,
München

Umschlaggestaltung:
Studio Schübel, München

Umschlagfotos:
Borstell (Vorderseite oben)
Stein (Vorderseite unten)
Reinhard (Rückseite)

Layoutkonzept Innenteil:
Studio Schübel, München

Lektorat: Dr. Thomas Hagen
Herstellung: Hermann Maxant

Layout: Anton Walter, Gundelfingen
DTP: Christian Walter, Gundelfingen
Reproduktionen:
Repro Ludwig, A-Zell am See

Druck und Bindung:
Druckhaus Neue Stalling, Oldenburg

Gedruckt auf chlorfrei gebleichtem
Papier

Printed in Germany ·
ISBN 3-405-16005-7

Blütenpracht für Ihren Garten

Rosa Wolf / Fotos: Ursel Borstell
Gartenpflanzen
Konkurrenzlos gut – das Garten-
pflanzen-Handbuch für die Praxis:
rund 450 Blumen, Stauden und
Gehölze in ausführlichen Porträts,
Kombinationsmöglichkeiten und
Gestaltungsbeispiele mit Pflanz-
plänen für typische Garten-
bereiche.

Jutta Korz
Gärten umgestalten
Der Problemlöser: das Praxis-
buch zur Garten-Umgestaltung
Schritt für Schritt, Vorschläge
und Ergebnisse mit konkreten
Beispielen vorher – nachher, die
Umgestaltung von Teilbereichen,
Renovierung ganzer Gärten.

Helga Urban
Ein Garten der Düfte
Duft und seine Bedeutung für
den Garten, der Zusammenhang
zwischen Duft und Farbe, die
Gestaltung der verschiedensten
Gartenbereiche mit Duftpflanzen,
die wichtigsten Duftpflanzen im
Porträt, mit Hinweisen zu Duft-
intensität und Duftcharakter
bei jeder Pflanze.

blv garten plus
Thomas Hagen
Rosen
Faszination der Vielfalt: die 100 besten Rosen im Porträt, Verwendungs-
möglichkeiten, Kombinationen mit
anderen Pflanzen; Rosen pflegen,
schneiden, überwintern.

Martin Stangl
Stauden im Garten
Sonnen-, Schatten- und Prachtstauden, Gräser und Steingarten-
stauden: alle wichtigen Arten
und Sorten mit Informationen
zu Auswahl, Pflanzung und Pflege
sowie Pflanzplänen und Arbeits-
kalender.

Robert Markley
Ziergehölze für den Garten
Besonders attraktiv, für jeden
Garten, überall erhältlich und
leicht zu pflegen: die 250 besten
Arten und Sorten für jeden Zweck:
von Laub- und Nadelgehölzen bis
zu Rhododendron und Kletter-
gehölzen – mit wertvollen
Praxistipps.